LLENÁNDOTE DE VALOR

Llenándote de Valor

Atrévete a ser todo aquello para lo que fuiste creado

"Jehová cumplirá su propósito en mi"

Salmos 138:8

EDUARDO VILLEGAS

Número de Control de la Biblioteca del Congreso de EE. UU.:   2011915675
ISBN: Tapa Blanda   978-1-4633-0950-3
               Libro Electrónico   978-1-4633-0949-7

Para pedidos de copias adicionales de este libro, por favor contacte con:
Palibrio
1663 Liberty Drive
Suite 200
Bloomington, IN 47403
Llamadas desde los EE.UU. 877.407.5847
Llamadas internacionales +1.812.671.9757
Fax: +1.812.355.1576
ventas@palibrio.com
359708

PRÓLOGO

Tenemos Valor, por eso necesitamos Valor . . .

EN ESPAÑOL, LA palabra Valor tiene varias connotaciones, dos de las cuales son la razón del nombre de este libro:

1. **Tenemos Valor**: somos valiosos, somos seres especiales, espíritus que a través de un alma nos conectamos y manifestamos en un cuerpo.[1] Somos una creación de Dios, a Su imagen y semejanza. Nuestro cerebro es todavía un gran misterio a pesar de los avances científicos; nuestros sistemas físicos, glándulas y sentidos, la capacidad de comunicarnos, de crear arte, de desarrollar nobleza y coraje, de expresarnos en infinitas formas nos hace únicos. Pero eso no es lo mejor, **lo realmente maravilloso es que cada uno de nosotros, sin excepción, fue creado con un plan y un propósito, sin que nada nos falte**. En ti existe, desde que eras un embrión en el vientre de tu madre, una semilla de grandeza, de éxito, con capacidad ilimitada, y el primer objetivo de este libro, la primera mitad de él, está dedicada a que sepas quien eres para que redescubras tu verdadero tú. No eres un accidente ni una casualidad, eres una obra de arte única creada por Aquel que te amo desde antes de la fundación del mundo.[2]

2. **Necesitamos valor:** para atrevernos, tomados de la mano de Dios, a avanzar y perseguir cada sueño que Dios ha puesto en nuestra alma. Somos seres trascendentes, así que necesitamos trascender para ser felices. La Biblia dice que no solo viviremos de pan sino de cada palabra que sale de la boca de Dios.[3] En otras palabras, solo satisfacer al estómago no es suficiente. Necesitamos de lo espiritual tanto como del agua y del

---

[1]   Favor ver 1 Tesalonicenses 5:23

[2]   Favor ver Efesios 1:4

[3]   Jesús en Mateo 4:4 y Lucas 4:4 citando a Deuteronomio 8:3

pan para existir, de otro modo nunca estaremos completos. Y ese es el objetivo de la segunda parte de este libro, que una vez conozcas quien eres realmente, tomes autoridad y te levantes por tu trofeo.

El apóstol Pablo dice en Efesios: *"Despiértate, tú que duermes, Y levántate de los muertos, Y te alumbrará Cristo."*[4] Primero debemos despertar a quienes somos (lo cual es el objetivo de la primera mitad de éste trabajo), y luego levantarnos (objetivo de la segunda mitad) para ir y conquistar la verdadera vida que Dios nos tiene preparada acá en la tierra, y luego en Su Presencia.

"Dios no conoce el fracaso ni sabe fallar. Hoy renuncio a todas mis excusas y me tomo de Su mano para avanzar."

---

[4]   Favor ver Efesios 5:14

"porque todas las promesas de Dios son en él Sí,
y en él Amén, por medio de nosotros,
para la gloria de Dios."[5]

INTRODUCCIÓN

SIN IMPORTAR TU edad o circunstancias, Dios tiene hoy grandes sueños para ti. Él puso sueños en tu alma que aunque parezcan enterrados y olvidados, aún respiran. Puso sueños en tu corazón que aunque lucen inalcanzables, son posibles, con Su guía y apoyo. Él no te ha abandonado a ti ni a ninguno de tus sueños. Él no renuncia a ti ni a tu completa manifestación de Su gloria. Tus sueños, si vienen de Dios, son reales, posibles, Dios los pensó y te los encargó a ti. Por eso decía David que Dios cumpliría Su propósito en él,[6] y con certeza lo hizo. No debemos ignorar los sueños de Dios, porque son Su voluntad, son verdaderos y por lo tanto pueden y deben lograrse.

Pero las excusas, por el contrario, no existen realmente, son solo ilusiones. Podemos construirlas y nutrirlas con nuestra imaginación, y decorarlas con diversas justificaciones para que parezcan reales pero, tarde o temprano, desaparecerán y traerán tristeza. Siempre duele cuando vemos hacia atrás y entendemos que nunca existieron, que como neblina se disiparon y las oportunidades siempre estuvieron allí.

La Biblia nos cuenta la historia de un hombre paralítico que, cuando Jesús le preguntó si quería ser sano ya que llevaba enfermo treinta y ocho años, no le respondió que sí, sino que comenzó a explicarle las razones (excusas, argumentos) de por qué no le era posible ser sanado.[7] Yo imagino que algunas veces él soñaba con poder caminar, correr, nadar ser libre; seguramente lo anhelaba. **El deseaba ser sanado, el problema era que no podía creerlo.** Su gran argumento: "Treinta y ocho años de enfermedad," le impedía ver aún más grande oportunidad: el Hijo de Dios estaba frente a él.

---

[6]   Salmos 138:8

[7]   Juan 5: 5 *"Y había allí un hombre que hacía treinta y ocho años que estaba enfermo. 6 Cuando Jesús lo vio acostado, y supo que llevaba ya mucho tiempo así, le dijo: ¿Quieres ser sano? 7 Señor, le respondió el enfermo, no tengo quien me meta en el estanque cuando se agita el agua; y entre tanto que yo voy, otro desciende antes que yo."*

Las excusas son como la flor cortada de una planta, que necesita de un florero para erguirse y de agua para retardar su muerte. Ellas precisan de un racional bien elaborado, de una justificación creíble y satisfactoria que la Biblia llama <u>argumento</u>; y de cierta arrogancia u orgullo para defender su punto y rechazar los retos, que la Biblia llama <u>altivez</u>.[8] Al igual que en ese florero, la flor parece estar bien y en el lugar apropiado, pero no es cierto. Ella fue creada para permanecer unida a la planta que le dio vida. Las excusas no deben suplantar tus sueños, no pueden hacerlo, no trates de hacerlo; tu misión no debe ser cortada. No transformes tus sueños en excusas. No los arranques de sus troncos para ponerlos en remojo; allí nunca crecerán con todo su potencial, y pronto se marchitarán.

Ahora bien, cuando un <u>argumento</u> se une con la <u>altivez</u>, ambos forman una estructura llamada <u>fortaleza</u>: un área amurallada de nuestra mente, donde aquellas ideas diferentes a nuestros paradigmas no penetran. Un vallado que se levanta en la forma de impedimentos y limitaciones. Una sólida racionalización de por qué no podemos ser aquello que quisiéramos ser. Una firme fortificación sin puertas para impedir cualquier acceso a aquellas zonas donde nos consideramos débiles, aquellas áreas donde ¿adivina qué? ¡Tenemos dudas! Estas fortalezas de duda operan a nivel psicológico y espiritual, y son obstáculos, creencias obstructivas y destructivas de nuestros anhelos, que buscan adormecer nuestra esperanza, anestesiar nuestros anhelos, cicatrizar nuestra frustración para que aceptemos vivir por debajo de nuestra capacidad y potencial, para que nos adaptemos a ser menos de lo que realmente somos y fuimos llamados a ser, para que nos conformemos y no trascendamos. Debemos destruir toda fortaleza de duda en nuestras vidas, derribando todo argumento y altivez que se oponga a la verdad de Dios para nosotros.

Ahora bien, la Biblia es un libro completamente sobrenatural, que se especializa en abrir nuestros ojos a la verdad, y en derribar y destruir todas las fortalezas que empañan nuestra mente y nuestros sentidos. La Palabra de Dios literalmente pulveriza esas construcciones y limpia nuestros ojos, oídos, boca y alma, para lograr alcanzar todo aquello para lo que fuimos creados. Por eso Pablo dice que nos **renovemos en el espíritu de nuestra mente**.[9] Nuestra mente debe cambiar

---

[8] 2 Corintios 10:4-5: *"porque las armas de nuestra milicia no son carnales, sino poderosas en Dios para la **destrucción de fortalezas, derribando argumentos y toda altivez** que se levanta contra el conocimiento de Dios, y llevando cautivo todo pensamiento a la obediencia a Cristo,"*

[9] Efesios 4:22-23: *"En cuanto a la pasada manera de vivir, despojaos del viejo hombre, que está viciado conforme a los deseos engañosos, y **renovaos en el espíritu de vuestra mente**."*

si queremos cambiar nuestra vida y entorno. Debe renovarse para deshacernos de las viejas creencias que nos limitan, y reemplazarlas por la verdad eterna de nuestro Creador. No podemos crecer y seguir pensando igual, ni lo opuesto, seguir pensando igual y crecer. No podemos madurar y ser los mismos. Cuando dudamos, nuestros argumentos enladrillan las ventanas del cuarto de nuestros sueños. Debemos romper y desmenuzar todas y cada una de esas fortalezas para que entre la Luz . . .

No acepto mis propias excusas ni las que nadie haya puesto sobre mí. Renuncio a toda excusa, a la mediocridad y al fracaso. Hoy retomo mis sueños y persevero.

"Si Dios es por nosotros, ¿quién contra nosotros? El que no escatimó ni a su propio Hijo, sino que lo entregó por todos nosotros, ¿cómo no nos dará también con él todas las cosas?"[10]

"Antes, en todas estas cosas somos más que vencedores por medio de aquel que nos amó."[11]

"Todo lo puedo en Cristo que me fortalece."[12]

---

[10]   Romanos 8:31b-32

[11]   Romanos 8:37

[12]   Filipenses 4:13

¿CÓMO USAR ESTE LIBRO?

*"Tú guardarás en completa paz a aquel cuyo pensamiento en ti **persevera**; porque en ti ha confiado."* Isaías 26:3

H OY EN DÍA, gran parte de la humanidad busca paz pero, a pesar de todas las múltiples opciones disponibles en el mundo, muy pocos parecen alcanzarla. En esta cita que data de unos setecientos años antes de Cristo, el profeta nos comparte la fórmula divina y eterna para ser **guardados en completa paz**: Que nuestro **pensamiento persevere en Él**.

Pero ¿cómo se puede hacer que nuestra mente persevere en Él sin convertirse en un esfuerzo puramente intelectual? ¿Pueden, por ejemplo, las repeticiones recitadas de versos aprendidos de memoria mejorar nuestra relación con Dios? La historia nos muestra que eso hacían los religiosos mientras Jesucristo caminó por esta tierra, y fueron ellos quienes lo crucificaron.

Otros se apartan a lugares solitarios, lejos de toda mundanalidad, buscando paz en la soledad y el misticismo pero, ¿qué pueden hacer los que además de paz y una relación con Dios desean una familia, un trabajo atractivo y amigos? Jesús afirma que los que lo siguen no son de este mundo pero Él mismo los envía al mundo.[13] Parece que entonces Su estrategia es "arreglar" al planeta, en vez de huir de él.

En medio de un mundo tan complejo y volátil, creo que la mejor manera de vivir la vida es volviendo a lo básico, al fundamento. Si observamos con detenimiento, descubriremos una intrínseca conexión entre lo maravilloso y lo sencillo; entre lo glorioso y lo humilde. Es como si lo extremadamente complejo estuviera construido sobre lo simple, como cuando comparamos al macrocosmos con el micro, al sistema solar con un átomo. Jesucristo es el mejor ejemplo: el

---

[13] Juan 17:16 *"No son del mundo, como tampoco yo soy del mundo."* Y verso 18: *"Como tú me enviaste al mundo, así yo los he enviado al mundo."*

Dios Omnipotente, encarnado en un simple carpintero; el Rey de reyes y Señor de señores, montado en un burrito; el Maestro y Señor, lavando los pies a Sus discípulos . . .

En línea con esto, éste libro tiene una propuesta práctica muy simple: Una declaración de fe, en voz alta, del título de la página, seguida por una corta meditación al comenzar y al terminar el día, sobre una lectura diaria de no más de un minuto, basada en una cita bíblica específicamente seleccionada para ese día. Además te invito a escribir en un cuaderno personal, tus propias reflexiones así como tres palabras claves extraídas de los versos escogidos ese día. Y por último, leer con fe la corta oración al final de la misma página. Este sencillo ejercicio te permitirá iniciar una relación diaria con el Espíritu Santo de Dios, porque tu meditación **perseverará** durante tus actividades diarias y aún mientras descansas por las noches. Día a día, tus paradigmas serán retados y muchas fortalezas y argumentos se desplomarán. Tu personalidad y carácter comenzarán a dar espacio a la personalidad y carácter de Dios. Comenzarás a ver al mundo, a la humanidad, a los tuyos y sobre todo a ti mismo o misma, un poco más de la manera que Dios te ve. Poco a poco, esa Unción hallará espacio en ti y comenzará a guiarte para atreverte a avanzar, para tomar mejores decisiones, para tener una mejor actitud y alcanzar los sueños escondidos dentro de ti. Es Dios continuando Su mayor obra: Tú.

De ser posible, comparte la lectura con alguien, recuérdala, medítala. Necesitamos urgentemente volver a lo esencial, y ese es el objetivo de este libro: reconectarte con Dios de una manera sencilla y práctica, basada en principios bíblicos eternos y no en técnicas artificiales; generando una relación real con el Padre, no una ilusión; una amistad construida sobre Su Verdad y no sobre la imaginación; una comunión basada en Él, por Él y para Él, y no en nuestras opiniones ni paradigmas.

ADVERTENCIA

ESTE LIBRO NO pretende en manera alguna sustituir a la lectura diaria de la Biblia que es la Palabra de Dios y el Pan diario de todo creyente verdadero. Este trabajo es tan solo una manera, entre muchas otras existentes, de animarte a iniciar una relación con el Espíritu Santo de Dios y que de esa forma conozcas quien eres y te atrevas a soñar y a conquistar esos sueños.

Todas las citas bíblicas fueron tomadas de la Versión Reina – Valera de 1960.

Todos los énfasis y subrayados a dichas citas bíblicas fueron agregados por el autor.

AGRADECIMIENTOS

A L ESPÍRITU SANTO por enseñarme pacientemente, día a día, quien soy en Él y por qué debo creer, soñar en grande y conquistar mis sueños que son Sus sueños

A mi familia, mi mayor inspiración y donde a diario nos descubrimos, nos atrevemos, y aprendemos a caminar hacia los sueños que Dios nos da

A todos los pastores y ministros, hombres y mujeres, ancianos y niños que Dios ha usado para mí aprendizaje y bien

A cada reto y dificultad que junto a Dios he afrontado, porque me han acercado más a Él y me han permitido ver Su mano fiel, poderosa, misericordiosa . . .

*"Por lo demás, hermanos, todo lo que es **verdadero**, todo lo **honesto**, todo lo **justo**, todo lo **puro**, todo lo **amable**, todo lo que es **de buen nombre**; si hay **virtud alguna**, si algo **digno de alabanza, en esto pensad**."*[14]

- *Recuerda leer solo el tema del día, procura no adelantarte*

- *Escoge el lugar más adecuado para este libro, quizás sea tu mesa de noche, el asiento del copiloto en tu auto o dentro de tu bolso o maletín*

- *Declara con tu boca el título del tema del día, en el encabezado de la página*

- *Revisa tu lectura por la mañana y de nuevo al final del día, idealmente antes de acostarte. Sin embargo, vuelve a leer el mismo tema tantas veces como te provoque durante el transcurso del día, recuerda que solo necesitas un minuto cada vez*

- *Toma algunos instantes para ordenar tus pensamientos respecto a la lectura del día. Eso ayudará a que tu pensamiento "persevere" en la idea meditada. Escribe en un cuaderno tus reflexiones sobre ese día y tres palabras claves que te atraigan del versículo. Comparte tu lectura con algún ser querido o amigo*

- *Ora la oración escrita al final de cada hoja, Dios te enseñará a hablar con Él*

- *Si algún tema toca particularmente tus sentimientos, no dudes en continuar leyendo esa lectura durante el siguiente o más días. Mientras percibas que Dios te está "hablando" mediante algún versículo o mensaje, sigue leyéndolo, y pasa al siguiente solo cuando sientas que ya lo has "exprimido"*

Comencemos . . .

---

[14]   Filipenses 4:8

PARTE I

DESCUBRIENDO QUIEN ERES REALMENTE

"La mejor forma de entristecer al Padre es no creer lo que Su Hijo ha dicho de ti."

"Mi pánico a una eternidad sin Él supera ampliamente mi temor a cualquier reto."

DÍA 1

Soy Tu creación

"todos los llamados de mi nombre; para gloria mía los he creado, los formé y los hice." Isaías 43:7

¿SABÍAS QUE DIOS te creó para sí mismo, para su propia gloria? Quizás escuchaste que fuiste un "accidente", porque papi y mami se descuidaron, o a lo mejor alguien te hizo sentir inadecuado, que algo estaba mal contigo, con tu físico, habilidades o personalidad. Pura mentira del enemigo que busca frustrar tus sueños. Pero acá Dios explica tú verdadero origen: Él. Él te creó (te pensó, te diseñó), te formó (moldeó tu materia prima) y te hizo (te construyó, te transformó). ¿No es maravilloso? Dios no deja a sus hijos al azar. Hoy sabemos que dentro de tu semilla, mucho antes de que germinara, ya había un diseño, un plan, claro y completo desde tus genes. Eres el espermatozoide ganador frente a otros cuatrocientos millones. ¡Fuiste engendrado para tener éxito!

Antes de darle forma a tus labios y color a tu piel, Dios te ideó, te visualizó y te concibió, para Si mismo, para Su gloria. ¿Quieres cumplir aquello para lo que fuiste creado? Pues empieza por aceptarte ahora mismo tal y como eres, y darle gracias por todo aquello que Él puso en ti. Tú eres el fruto del pensamiento de Dios, de Su amor; Él te creó como su criatura, como un hijo predilecto para si mismo. Analízate y verás que eres especial tal cual como eres hoy, con tus defectos (que Él quiere ayudarte a superar), con tus miedos (que Él vino a erradicar) y con tus virtudes (que Él quiere usar para traer Su reino). Yo no se como te hace sentir esto pero, en este mismo momento, Dios te dice que eres único, y no te hizo tan especial para que fracases en la oscuridad sino para que florezcas. Con Él es imposible que falles, tú estás destinado a tener éxito en todo, porque así lo quiso Él desde tu embrión:

*"Mi embrión vieron tus ojos, Y en tu libro estaban escritas **todas** aquellas cosas Que fueron luego formadas, **Sin faltar** una de ellas."* Salmos 139:16

Oración: Gracias Padre por idearme, soñarme y crearme. Ayúdame a valorarme y a aceptarme tal y como soy, tal y como Tú me hiciste, mi Creador.

DÍA 2

Haz cuidado de mí porque soy tuyo

"En ti he sido sustentado desde el vientre; De las entrañas de mi madre tú fuiste el que me sacó; De ti será siempre mi alabanza." Salmos 71:6

¿TE DAS CUENTA de que Dios ha trabajado en ti desde mucho antes de que pudieras concebir Su existencia? Desde el vientre de tu madre, Él te sustentó, te dio a luz (te sacó), y aún hoy te hace nacer cada mañana. El hecho de que no veas las cosas moverse al ritmo o en la dirección que tú esperas, no significa que Él no esté trabajando tras bambalinas. Él no solo ha hecho latir tu corazón y respirar tus pulmones todos estos años, también te ha protegido, te ha apartado de personas perversas y te ha acercado a quienes te van a bendecir; ha cerrado puertas que tú quizás lamentas, pero ha sido para tu bien, porque Él ve también el final, no solo el principio. Aunque tú y yo hemos vivido muchos años creyéndonos independientes de Él, Su mano ha estado sustentándonos y protegiéndonos. ¡Así de grande es Su amor! Se dio a Si mismo por nosotros cuando apenas existíamos en Su mente.

Búscalo y confía en Él. Si te ha sustentado estando en rebelión e ignorancia, imagina todo lo que puede hacer contigo y darte, si inicias una genuina amistad con Él. Sácate el temor porque Él tiene el control de todo; sácate la condenación porque Él te creó exactamente como eres; sácate la frustración porque Él quiere hacer más en y a través de ti. En este mismo instante, en medio de la tribulación y la dificultad, de la preocupación y el desaliento, Él te está sustentando y preparando; germinando en ti como la semilla imperceptible que crece bajo la tierra para ser, en el tiempo apropiado, un grande y fructífero árbol. Él está preparando . . .

"Decía además [Jesús]: Así es el reino de Dios, como cuando un hombre echa semilla en la tierra; y duerme y se levanta, de noche y de día, y la semilla brota y crece sin que él sepa cómo." Marcos 4:26-27

Oración: Gracias Espíritu Santo porque me has sustentado. Tú eres quien realmente me dio a luz. Quiero pedirte que trabajes en mi vida.

DÍA 3

Amor eterno

En su primera carta, Juan, refiriéndose a Jesús, escribe: *"Nosotros le amamos a él, porque **él nos amó primero**."* 1 Juan 4:19

JESÚS NO ESPERÓ que tú y yo nos portáramos bien para amarnos, ni esperó que fuéramos dignos o justos para libertarnos. Nosotros somos Su mayor creación, y por eso y para eso nos escogió desde antes de la fundación del mundo. Efesios 1:4 ¿No te parece maravilloso? Cuando nada existía, Él ya nos tenía en Su mente y corazón, desde entonces ya nos amaba. Dios primero nos imaginó a nosotros, nos soñó, y luego, diseñó el mundo con toda su perfección, para que nosotros lo habitáramos. Somos Su mayor creación, somos Su sueño hecho realidad, hasta el punto de que cuando nos apartamos de Él, no titubeó en entregar Su propia vida para devolvérnosla a nosotros, para regresarnos a Él, quien es la Vida.

Entiéndelo de una vez y para siempre: No eres un accidente ni una casualidad, no eres fruto del azar. Hay uno que te ama, que te ha amado siempre, desde antes de que tú fueses, y que siempre te seguirá amando, exactamente como eres, porque exactamente así Él te diseñó. No hay nada malo contigo, quizás necesitas reconciliarte con tu Creador, regresar a tu Padre, pero tú no traes defectos de fabricación. Eres una sublime creación de Dios, el resultado de un sueño en el corazón de Su Majestad, la Deidad. Colosenses 2:9

*"según nos escogió en él **antes de la fundación del mundo,** para que fuésemos santos y sin mancha delante de él,"* Efesios 1:4

Oración: Gracias Jesucristo por entregarte mucho antes de que yo siquiera supiera quien eres. Ahora sé que soy uno de tus escogidos.

DÍA 4

Tú me llamaste a comunión

*"**Fiel** es Dios, por el cual fuisteis llamados a la **comunión con su Hijo Jesucristo** nuestro Señor."* 1 Corintios 1:9

TÚ Y YO no fuimos llamados a ser evangélicos, católicos, mormones o testigos de Jehová; no fuimos llamados a ninguna religión sino a tener **Comunión** con Jesu**cristo**. Comunión significa común unión o unión en común, tal cual como la que tienes (o deberías tener) con tu cónyuge. Significa una relación íntima, amistad, compañerismo y confianza. Significa que ríes con Él y lloras con Él, que caminas con Él y que lo involucras en tus decisiones. Significa que siempre es la primera opción, no la última. Significa que te importa Su parecer, Su opinión y que atesoras Su Palabra. No es solo algo místico, no es solo un estado nirvana de comunión con el universo, es una interacción diaria, minuto a minuto, mientras te bañas, manejas, trabajas y lidias con tu día a día. Él está allí, a tu lado.

Lo que más me gusta es que dice con Jesu**cristo**. Jesús es Su nombre como humano, pero el Cristo es el Mesías, es el Ungido, el Redentor, el Salvador del Mundo, y es Él quien quiere tener mucho en común (comunión) contigo. Y si eso fuera poco, ¿sabes quién te ha invitado a esa relación? El Padre. Cuando voy a un parque y veo que otros niños simpatizan con mis hijos, inmediatamente me agradan, me "caen bien" tan solo porque han empezado a comunicarse (primer paso de una comunión) con mis hijos. Bueno, aunque te cueste creerlo, es el Padre quien te ha llamado a que seas amigo de Su hijo. Es Él quien te ofrece la amistad incondicional y preciosa de Jesucristo. Con razón Pablo inicial el verso diciendo: "Fiel es Dios." ¡Que inmenso amor inentendible!

"Mirad cuál amor nos ha dado el Padre, para que seamos llamados hijos de Dios; . . . " 1 Juan 3:1a

Oración: Gracias Señor por llamarme a comunión contigo, revélate un poco más, déjame conocerte. Muéstrame que estás cerca, quiero ser tu amigo.

DÍA 5

Yo ignoro la deshonra y persisto en alcanzar mis sueños

*". . . ¿No es este el carpintero, hijo de María . . . ?" Y Jesús responde ". . . no hay profeta sin honra sino en su propia tierra, y **entre sus parientes**, y **en su casa"** Marcos 6:3a-4b*

LOS QUE HABÍAN conocido a Jesús de niño, se decían unos a otros: "¿cómo que hijo de Dios?, ¿de qué habla este hombre?, ¿acaso no conocemos a su papá, José, un simple carpintero, siempre lleno de aserrín?" Puedo imaginar el dolor de Jesús viendo como esos, con quienes compartió por años, le negaban y se perdían de recibir de Él, la Deidad, las bendiciones del mejor de todos los amigos. Si los familiares de Jesús hallaron motivos para deshonrar al varón perfecto, sin defectos, con certeza hallarán debilidades y defectos en ti y en mí.

Cuando tú descubres las cosas maravillosas que Dios puede y quiere hacer a través de ti, y entiendes que fuiste creado para lograrlo, y que solo necesitas tiempo y esfuerzo para desarrollar tu visión y alcanzar tu sueño, con certeza tu deseo va a ser probado: Alguien cercano vendrá a tratar de persuadirte a renunciar, a advertirte que seas "sensato y realista," y no faltará quien te haga frontal oposición. Desde su perspectiva, esa persona tiene razón y quizás hasta buena intención, lo que pasa es que lo que Dios puso en ti va mucho más allá de lo que puede razonarse y preverse. No te molestes, solo recuerda siempre que, a pesar de la gigantesca oposición, Jesús no se desvió ni un solo milímetro de aquello que vino a hacer, por lo que pudo decir: *"Consumado es."* Juan 19:30

"Aun el hombre de mi paz, en quien yo confiaba, el que de mi pan comía, Alzó contra mí el calcañar." Salmos 41:9

Oración: Padre, aumenta mi fe para creer más en ti y nunca deshonrarte, para lograr Tu plan en mí. Yo sé que Tú eres real.

DÍA 6

Hoy me levanto en fe

"... Despiértate, tú que duermes, Y levántate de los muertos, Y te alumbrará Cristo." Efesios 5:14

E S COMÚN VER, en las grandes capitales del mundo, multitudes de personas muy activas, aparentemente enfocadas en cosas muy importantes. Sin embargo, bíblicamente, mucha de esa gente no está despierta sino muerta, aunque Dios, en Su misericordia, las llama durmientes porque Él, Cristo, las puede despertar. Y aunque muchas de ellas se acercan a Dios y despiertan, algunas aún permanecen presas, víctimas de ataduras y limitaciones, cansadas o frustradas, con una vida incompleta. ¿Por qué? Porque se despertaron pero aún no se **levantan** de entre los muertos.

Tú debes aprender a caminar vivo entre los muertos, a perseverar por encima de lo que ves, confiado en Aquel a quien no ves; a seguir adelante en medio de tantas voces de desaliento; a soñar en medio de tanta desilusión; a esperar en medio de tanta impaciencia; a buscar Su santidad en medio de tanta malicia. Se tú luz en las tinieblas, esperanza en un mundo oprimido y vida en esta sociedad enferma. Debes creer y avanzar en medio de tanto miedo y desconfianza. Él tiene planes para ti. ¡Haz la diferencia! Levántate hoy sobre tus limitaciones (muertos) y cree en Jesucristo, el Verbo, la Vida manifestada; déjalo iluminarte y vivificarte, solo Él puede guiarte y darte verdadera plenitud.

"Porque contigo está el manantial de la vida; En tu luz veremos la luz."
Salmos 36:9

Oración: Espíritu Santo, guíame para avanzar y ser luz en este mundo, ayúdame a perseverar con firmeza y paciencia sabiendo que Tú estás conmigo. Amén.

DÍA 7

Santifícame en Tu Palabra

Juan 17: 17 *"**Santifícalos** en tu verdad; tu **palabra** es verdad".*

D EL MUNDO RELIGIOSO hemos aprendido erróneamente que ser santos significa ser infalibles, no pecar jamás, vivir pobremente y en celibato, vestir con un manto desgastado y no disfrutar nada de la vida, y por supuesto, haciendo tareas simples que no proporcionen satisfacción alguna, como fregar pisos o arar tierra seca bajo un sol ardiente. El mismo diccionario de la RAE define santo como "perfecto y libre de toda culpa". Con razón la santidad no es tan popular, sobre todo en los jóvenes; suena más a martirio que a libertad en Cristo.

Pero Jesús en este pasaje, poco antes de su partida y mientras ora por sus discípulos y **por nosotros,** verso 20 le pide al Padre que nos santifique, es decir que nos haga santos, pero en Su verdad. Y luego aclara que Su Palabra es la verdad, de modo que podemos parafrasearlo: "Santifícalos en tu Palabra". La Palabra de Dios es la verdad. Si caminas en la verdad de Dios, en Su Palabra, eres santo, que simplemente significa "apartado". Y ¿cómo lo logras? Únicamente creyendo en Su Palabra. Quizás te sorprenda saber que sea que estés soltero o casado, en tu trabajo o estudio, con pocos o muchísimos ingresos, vistiendo como quieras, y ya sea que no tengas hijos o tengas diez, no solo puedes ser santo (apartado) sino que Dios quiere que lo seas, y de hecho lo ordena, lo cual significa que es posible:

*"**Santificaos**, pues, y **sed santos**, porque yo Jehová soy vuestro Dios."*
Levítico 20:7

Oración: Señor Jesús, saca toda religiosidad de mi cabeza y ayúdame a ser santo; seguirte no es una carga, es un deleite.

DÍA 8

Soy Tu hijo amado

"Sed, pues, imitadores de Dios como hijos amados." Efesios 5:1

PABLO ESTÁ ENSEÑANDO sobre nuestra conducta, instruyéndonos a que ya no andemos *"en la vanidad de nuestra mente"* Efesios 4:17, sino que *"nos renovemos"* Efesios 4:23 y que *"no contristemos al Espíritu Santo de Dios con el que fuimos sellados"* Efesios 4:30, y repentinamente nos da una orden que parece imposible: *"sed **imitadores** de Dios."* Pero, ¿cómo podemos imitar a Dios? Pablo también lo explica: *"como **hijos amados**"*. Y ¿cómo imita un hijo amado a su papá? Sin esfuerzo, espontáneamente, simplemente pasando tiempo con él. El niño escucha a su papá, y lo observa; convive con él, lo escucha y lo admira, y comienza a pensar y actuar como él (imitarlo). El hijo amado pequeño buscará confiado a su papá para que lo ayude en sus necesidades, y al crecer, procederá de la forma que vio, oyó y aprendió en casa. Es así de simple . . .

Tú no eres solo Su siervo, eres también Su hijo, y no solo un hijo más sino Su hijo amado. No trates de perfeccionar tu conducta antes de invitar a Dios a tu vida; más bien imítalo pasando tiempo con Él, meditando sobre como actúa en cada circunstancia descrita en la Biblia. Permítele influenciarte, moldearte y transformarte . . . ser tu mentor y tu mejor amigo. Comparte todo con Él, busca a diario Su voz, anhela Su consejo en cada decisión; déjalo guiarte y manifestarte Su amor infinito. Atesora Su compañía y Su Palabra. Él nunca te dejará, Él es un buen Padre y tú eres Su hijo amado, Su tesoro. Acéptalo, recíbelo, tómalo, créelo, Jesús quiere que te parezcas a Él. Quiere ser tu modelo para una vida exitosa.

"No os dejaré huérfanos; vendré a vosotros." Juan 14:18

Oración: Espíritu Santo, necesito de Tu guía en cada circunstancia, en medio de cada reto. Muéstrame cuan cerca estás de mi.

DÍA 9

Jesús, el único Camino

*"Y dijeron: Vamos, **edifiquémonos** una ciudad y una torre, **cuya cúspide llegue al cielo; y hagámonos un nombre**, por si fuéremos esparcidos sobre la faz de toda la tierra."* Génesis 11:4

L A TORRE DE Babel (confusión) sigue ilusionando a muchas personas que aún hoy en día, quieren llegar al cielo sin pasar por Jesús, intentando construir su propia escalera a través de sus habilidades, disciplina y ciencia. Queremos alcanzar a Dios con la **mente** pero Jesús dice que *". . . los verdaderos adoradores adorarán al Padre **en espíritu y en verdad**."* Juan 4:23

¿Te imaginas a un matrimonio tratando de tener intimidad "mental," estando en lugares distantes, sin tocarse ni hablarse? Estarían tratando de hacer en el plano mental algo que corresponde al plano físico, todo a costa de una agotadora e infructuosa concentración. Es por eso que las religiones orientales, que buscan alcanzar a Dios desde nuestra voluntad y mente, requieren una tremenda dosis de disciplina, posiciones, meditación y concentración, porque buscan a Dios en la dimensión equivocada, terrenalmente, intelectualmente . . . Pero si adoramos a Dios en el ámbito apropiado, es decir, el espiritual, lo hacemos placenteramente porque *". . . el que se une al Señor, un espíritu es con él."* 1 Corintios 6:17. Solo así podemos *"acercarnos confiadamente al trono de la gracia."* Hebreos 4:16 No busques atajos ni puertas alternativas, Jesús fue muy claro cuando dijo: ***"Yo soy la puerta; el que por mí entrare, será salvo; y entrará, y saldrá, y hallará pastos."*** Juan 10:9 Después de todo, ¿cómo se puede hallar luz a través de una disciplina que se autodenomina Ocultismo?

*"Yo soy el **camino**, y la verdad, y la vida; **nadie viene al Padre, sino por mí.**"*
Jesús en Juan 14:6

Oración: Gracias Jesús por abrir el Camino de reconciliación al Padre. Se que puedo caminar en Él solo por Tu Gracia, no por mis virtudes.

DÍA 10

Jesús, la Puerta

*"Jesús le dijo: Yo soy el camino, y la verdad, y la vida; **nadie viene al Padre, sino por mí.** "* Juan 14: 6

LAS ENSEÑANZAS DE la Nueva Era me atrajeron por años, porque sus argumentos satisfacen nuestra lógica y son místicos, misteriosos . . . Personajes como Gautama Buda y Sai Baba no dejan de interesarme. También algunos intelectuales pacifistas, como Gandhi o el Dalai Lama, me impresionan con sus enseñanzas milenarias, me inspiran a meditar sobre la paz y la armonía interior, y me atraen con sus benignas costumbres, como no matar animales.

Pero Jesús es otra cosa. Él no es un gran filósofo ni un intelectual, Él es el Dios. No tiene una gran mente, Él es la Mente, el Diseñador y Creador de los cielos y la tierra. No alcanzó la iluminación, Él es la luz; no promueve el amor, Él es el amor, y por eso se entregó. No tiene historias milenarias sino sabiduría eterna porque es el Alfa y la Omega. Apocalipsis 1:8 Su nombre es mayor que todo nombre que se nombra Efesios 1:21 y es más sublime que los cielos. Hebreos 7:26 No solo promueve activamente el bien sino que venció al mal, además de vencer al enemigo y al mundo. Él no te añade cargas mentales sino te las quita, porque Su yugo es fácil y Su carga ligera. Mateo 11 No te invita a repetir mantras sino a orarle y adorarle. Él quiere mudarse a ti para que tu cuerpo sea Su templo, tu alma Su frondoso árbol y tu espíritu sea uno con el suyo. Que bueno tener filósofos porque nos hacen pensar, pero ellos no salvan; **compararlos con Jesús es como comparar un fósforo con el sol.** No hay otro puente, no hay otra puerta ni atajo, solo Jesús.

*"Yo soy la puerta; **el que por mí entrare, será salvo;** y entrará, y saldrá, y hallará pastos."* Juan 10: 9

Oración: Bendito seas Jesucristo de Nazaret, el Hijo de Dios, no hay otro como Tú.

DÍA 11

Soy nacido del Espíritu

"Lo que es nacido de la carne, carne es; y lo que es nacido del Espíritu, espíritu es." Juan 3: 6

CUANDO CREES EN Jesús, Dios te hace nueva criatura. No te harán unos retoques de botox espiritual, sino que volverás a nacer, pero ya no del vientre de tu madre sino del Espíritu de Dios.

- ¿Te sientes presionado o desubicado en este mundo? Bueno, lo que sucede es que éste no es tu mundo, no perteneces a él.

- ¿Le temes a lo que el mundo te pueda hacer? Recuerda que "*. . . todo lo que es nacido de Dios vence al mundo."* 1 Juan 5: 4

- ¿Le temes al diablo? Declara conmigo que "*. . . todo aquel que ha nacido de Dios, no practica el pecado, pues Aquel que fue engendrado por Dios le guarda, y el maligno no le toca."* 1 Juan 5:18

No es difícil seguir a Jesús, lo difícil es vivir sin Él en un mundo sin esperanzas, buscando en la carne lo que solo el espíritu te puede dar; hundiéndonos más y más en la mentira, la decepción y el temor; insistiendo en "calzar" en un mundo al que no pertenecemos. Tú y yo tenemos nuestra alma firmemente anclada en Él, que es nuestra esperanza; por eso estamos llenos de sueños, rescatados de la vana manera de vivir y libres por Su Espíritu. Ya no nos quejemos más, no nos distraigamos más, solo amémoslo y regocijémonos en Jesús. Tu vida nunca más será igual. Simplemente déjalo cumplir Su mayor anhelo: Hacerte feliz. Gracias Abba, miles de gracias, millones de gracias, nada se compara a ti, líbranos de las mentiras del maligno, enséñanos a ser como tú, a seguirte, a ser felices. ¡Te amamos!

"Todo aquel que cree que Jesús es el Cristo, es nacido de Dios." 1 Juan 5: 1

Oración: Gracias Padre por crearme, por hacerme nacer de Tu Santo Espíritu. Ayúdame a ver cuan especial soy para ti.

DÍA 12

Hoy elijo vivir para Tu Reino

Jesús le dice a Nicodemo, Maestro de la Ley: *"Si os he dicho cosas terrenales, y no creéis, ¿cómo creeréis si os dijere las celestiales?"* Juan 3:12

HAY UNA REALIDAD más real que la que ven nuestros ojos, donde existen, se mueven y manifiestan las cosas *"celestiales"*. Es el Reino espiritual, donde habitan los ángeles y la Gloria de Dios es tangible. Y está muy cerca de ti . . . Dios no es una religión, una forma de energía o una creencia abstracta. Tampoco es sugestión ni está sujeto a libre interpretación porque "cada cabeza es un mundo", no. Dios se revela a Si mismo en Su Palabra y es verdadero, está vivo, cerca, muy cerca; es fiel, justo, poderoso y sublime, y te ama con un amor que sobrepasa toda imaginación.

Jesús afirmó que tú y yo no somos de este mundo Juan 17:16, entonces dejemos ya de vivir como si lo fuéramos; elévate un poco sobre las pequeñeces, observa el cuadro completo, no te distraigas en lo diminuto, fuiste creado para cosas grandes; lee un poco más la Biblia y un poco menos las noticias, despierta, perteneces a un Reino mayor y eterno, donde tienes un rol trascendente. Evitemos ser religiosos como Nicodemo, queriendo entender lo celestial partiendo de lo terrenal, viendo la partitura sin escuchar la música. Tenemos que vivir a plenitud, en el ámbito al que pertenecemos, el sobrenatural, ese es tu lugar. Atrévete hoy, levántate, invita a Jesús a tu vida, ábrele tu corazón para que empiece ahora mismo a obrar en ti.

"Padre, aquellos que me has dado, quiero que donde yo estoy, también ellos estén conmigo, para que vean mi gloria que me has dado . . . " Juan 17:24

Oración: Santo Espíritu de Dios, ayúdame a ver con tus ojos. Amén.

DÍA 13

Hoy me nutro de Tu Palabra

"No sólo de pan vivirá el hombre, sino de toda palabra que sale de la boca de Dios." Jesús en Mateo 4:4 citando a Deuteronomio 8:3

DIOS USA LAS palabras de una forma diferente a ti y a mí. Nosotros podemos hablar de vida como simple existencia, pero Él quiere decir total plenitud Juan 10:10; nosotros nos preocupamos del sustento pero Él de que alcancemos la razón de nuestra existencia; nosotros pensamos en fama, Él en trascendencia; nosotros en obtener cosas, Él en entregarnos Su Reino. Dios quiere darnos una vida más grande, más valiosa, más amplia, más satisfactoria, pero debemos entender y hablar Su lenguaje. Tu vida va mucho más allá del latir de tu corazón y del respirar de tus pulmones. Tú eres Su hija, Su hijo, creado a Su imagen, y Él se deleita en ti, así como eres. Te ama, te ama mucho, eres Su obra, Él te diseñó desde el vientre de tu madre Salmos 139:16 y ¡quiere que seas inmensamente feliz!

Pero una vida tan fructífera requiere mucho más que pan para vivir, necesitamos de **toda palabra que sale de Su boca.** No podemos esperar vivir así siendo voluntariamente huérfanos de Padre. Necesitamos Su guía, Su disciplina, Su protección y Su amor. Escucharlo, meditar en Su Palabra, creerle, vivir con Él, respirarlo, amarlo, beberlo, comerlo Juan 6:50-51. Solo así podremos alcanzar nuestra completa plenitud en Cristo . . .

"Y amarás al Señor tu Dios con todo tu corazón, y con toda tu alma,
y con toda tu mente y con todas tus fuerzas"
Jesús en Marcos 12:30 citando a Deuteronomio 6:5

Oración: Jesucristo, enamórame más de ti.

DÍA 14

Yo no me aparto

*"Y hablaba Jehová a Moisés cara a cara, como habla cualquiera a su compañero.
Y él volvía al campamento;* **pero el joven Josué hijo de Nun, su servidor,
nunca se apartaba de en medio del tabernáculo.**" Éxodo 33:11

JOSUÉ SIEMPRE SIRVIÓ a Moisés con esmero y humildad, con destreza y coraje. No le importaba ser el segundo, y nunca trató de igualarse a su líder o competir con él. Conocía su rol y lo ejecutaba diligentemente y con excelencia. Pero ¿donde aprendió ese carácter humilde y esforzado? Josué nunca se apartaba de la Presencia de Dios. Solo allí fue transformado y entrenado para llevar a cabo la empresa que Dios le tenía destinada. Y cuando Dios lo llamó para suceder a Moisés, ¿cómo pudo ordenarle: "Nunca se apartará de tu boca este libro de la ley, sino que de día y de noche meditarás en él, para que guardes y hagas conforme a todo lo que en él está escrito."? Porque Josué nunca se apartaba de la Presencia de Dios.

Y tuvo un éxito rotundo: Venció en más de treinta batallas, metió al pueblo de Dios en la tierra prometida y además repartió, a las doce tribus de Israel, sus territorios según Dios se lo indicó. Pero Josué no se preparó solamente manejando armas o asistiendo a talleres de liderazgo. Fue algo más profundo, y su secreto para ser tan poderoso y humilde a la vez, sigue vigente: **nunca se apartaba de la Presencia de Dios.** Permanece en Él, no te apartes, no te alejes, no te distraigas. Sea Él tu hogar y tú Su casa, Su templo.

"Y él dijo: Mi presencia irá contigo, y te daré descanso." Éxodo 33:14

Oración: Señor, enséñame a habitar en tu Presencia.

DÍA 15

Soy bienaventurado

*"Mientras él [Jesús] decía estas cosas, una mujer de entre la multitud levantó la voz y le dijo: **Bienaventurado el vientre que te trajo, y los senos que mamaste**. Y él dijo: **Antes bienaventurados los que oyen la palabra de Dios, y la guardan.**"* Lucas 11: 27-28

SI BIEN MARÍA fue una mujer excepcional y tuvo el privilegio único de "dar a luz" al que es la luz, Jesús nos dice que es mejor ser de los que **oyen Su Palabra y la guardan** porque, aunque no le tuviste como embrión de niño en tu vientre, puedes tener diaria comunión con el Espíritu Santo Todopoderoso que habita en ti, contigo y sobre ti. Creo que Jesús nos está diciendo que no importa que tan afortunados son tus vecinos o compañeros de trabajo, no importa cuan bendecido sean otros, Dios puede llenarte más. Él es inagotable, y te ama profundamente, como nadie más. Por eso la envidia y la codicia no hallan espacio en la mente de los que le creen.

No es tarde para tus sueños, no importa que hayan hecho o cuanto hayan logrado otros, ni importa tampoco cuan tarde parezca, Dios tiene algo muy grande para ti, y que además es solo tuyo. La fórmula sigue siendo la misma porque Él no cambia: **Oye la Palabra de Dios y guárdala**. En otras palabras, escucha y lee la Biblia y, lo que aprendas, hazlo. Actívala, ponla en acción. No se trata de guardarla en un cajón, sino en tu corazón. Imagina cuando se descubran una medicina que sana todas las formas de cáncer. Su fórmula será un gran tesoro, pero solo servirá en la medida que sea usada en los pacientes. Así es la Palabra, un tesoro maravilloso que únicamente se hace efectivo cuando la usas, y para eso debes conocerla y creerla. Guárdala, cuida de ponerla en práctica, vale la pena: Jesús dejó claro que solo así serás realmente bienaventurado.

"Si permanecéis en mí, y mis palabras permanecen en vosotros, pedid todo lo que queréis, y os será hecho." Juan 15:7

Oración: Espíritu Santo, revélame tu grandeza a través de tu Palabra, y enséñame a amarla y ejecutarla. Amén.

DÍA 16

Soy libre de la falsa humildad

"Así que, después que les hubo lavado los pies, tomó su manto, volvió a la mesa, y les dijo: ¿Sabéis lo que os he hecho? **Vosotros me llamáis Maestro, y Señor; y decís bien, porque lo soy.***"* Juan 13: 12-13

MUCHOS CRISTIANOS ERRÓNEAMENTE asociamos la baja estima con la humildad, y la autoconfianza con la vanidad. Percibimos que ser humilde es no mirar a la gente a los ojos y hablar en términos limitados y diminutivos acerca de nosotros mismos. El mensaje que se quiere proyectar es "no soy un engreído," pero el que realmente se transmite es "soy conformista, inseguro e incapaz." Tú puedes ser muy humilde sin ser conformista, o muy vanidoso pero sin ambición alguna. Jesús era completamente humilde y ambicioso, Él nunca se conformó: Cuando multiplicó el vino, el maestre sala le dijo que era el mejor Juan 2:8-10, cuando resucitó a Lázaro espero dos días más Juan 11:6 porque no quería solamente sanarlo sino levantarlo de entre los muertos, y cuando fue a la cruz entregó toda su sangre, buscando cosechar ¡a la humanidad entera!

Además Jesús desafió a las autoridades políticas y religiosas de la época. Al igual que Pablo, se presentó delante de reyes y emperadores, siempre con dignidad y autoridad. Jesús no sufre de falsa humildad. Él es el Maestro y el Señor, y lo sabe, y no lo disimula ni pretende ser menos de lo que es. No pretendas ser más de lo que eres pero tampoco menos de lo que Dios te ha hecho, y de lo que te ha dado. La luna no es el sol, pero lo refleja. Fuiste creado para iluminar, se humilde porque no eres tú la luz, pero que la falsa humildad no empañe tu reflejo.

"Vosotros sois la luz del mundo; una ciudad asentada sobre un monte no se puede esconder." Mateo 5:14

Oración: Padre, ayúdame a comprender e internalizar que soy de tu estirpe y linaje, por tu gracia y para tu gloria. Quita de mi mente todo paradigma religioso.

DÍA 17

Hoy pediré y buscaré tu Espíritu Santo

"Pues si vosotros, siendo malos, sabéis dar buenas dádivas a vuestros hijos, ¿cuánto más vuestro Padre celestial **dará el Espíritu Santo** *a los que se lo* **pidan?** Lucas 11:13

DEL MISMO MODO que los hijos necesitan no solamente recursos económicos sino la presencia y la cercanía de sus padres, Dios quiere, además de cubrir todas tus necesidades, darte lo mejor de lo mejor: Su Espíritu Santo. Él está más interesado en el caminar contigo que en el destino, en el "cómo" que en el "que". Él quiere prosperarte con abundancia, pero quiere acompañarte mientras te esfuerzas y te atreves. Quiere sanar todas tus enfermedades, pero más aún, venir a morar en tu cuerpo y que seas Su templo. Quiere darte tu pareja pero también estar contigo mientras te guardas hasta que esa persona llegue, para luego habitar en medio de ambos. Quiere prosperarte pero para que seas un buen mayordomo de Su reino.

Él es un Dios del día a día, un compañero maravilloso que disfruta más su relación diaria contigo que tu canto de los domingos; que se deleita con tus pequeños progresos como tolerar ese gesto rudo de tu cónyuge o ignorar el sarcasmo de tu jefe. Créelo, el Espíritu Santo disfruta de tu compañía, se complace en que le busques y cuida de los detalles. Pero Jesús es claro: si quieres al Espíritu Santo, debes pedírselo al Padre celestial. Él es infinitamente amoroso, pero se revela solamente a aquel que desesperada y sinceramente lo anhela. Debes atesorarlo más que nada en todo el universo, Él es digno de ser buscado, de ser amado, adorado y exaltado; no te defraudará.

"Y habiendo dicho esto, sopló, y les dijo: Recibid el Espíritu Santo." Juan 20:22

Oración: Papá, dame de tu Santo Espíritu. Imparte Tu Presencia en todo mi ser.

DÍA 18

Yo soy de bendición para otros

Dios le dijo a Abram: *"Y haré de ti una nación grande, y te bendeciré, y engrandeceré tu nombre, **y serás bendición**."* Génesis 12:2

DIOS BENDIJO A Abraham para que a partir de entonces, fuese **de bendición**. Dios quiere bendecirte tanto como tú se lo permitas, hacer fructífero el trabajo de tus manos y darte un nombre mayor, para que seas un testimonio viviente de Su Gracia y de Su Presencia en ti, pero también para que tú **seas de bendición para otros**. Una palabra de aliento, una simple sonrisa, alimentos, ropa o tu oración e intercesión, son sencillas pero poderosas maneras de bendecir a otros.

¿Qué te parece si cada mañana, al abrir tus ojos, bendices a Dios, le das gracias por Sus bendiciones sobre ti y los tuyos, y **le pides ser de bendición para otros**? Bendecir equivale a sembrar, a construir, a crear. Bendice, bendice, bendice, a diario; a tu cónyuge, a tus padres, a tus hijos; a tus empleadores, a ese jefe difícil, a ese cuñado malhumorado, a todo el que se te opone (recuerda que tus Judas son instrumentos para tu desarrollo). Bendice a tu nación, al presidente, a Jerusalén Salmos 122:6, al planeta; y por supuesto a Dios. ¡Hay tanta necesidad de luz allá afuera y tú eres tan afortunado!

"No nos cansemos, pues, de hacer bien; porque a su tiempo segaremos, si no desmayamos." Gálatas 6:9

Oración: Padre, te bendigo con todo mi corazón, y bendigo a todos los que has puesto a mi alrededor y todo lo que me das. Gracias Abba.

DÍA 19

Hoy seré Tu templo

*"Pues no habéis recibido el espíritu de esclavitud para estar otra vez en temor, sino que **habéis recibido el espíritu de adopción**, por el cual clamamos ¡Abba, Padre!"* Romanos 8:15

CUANDO EL HIJO pródigo regresó a casa, estaba arrepentido, avergonzado y necesitado. Anhelaba el perdón de su padre y hacerse su jornalero, para recuperar así su paz y obtener sustento. Por eso le dijo *"ya no soy digno de ser llamado tu hijo; hazme como a uno de tus jornaleros."* Lucas 15:19 Pero su padre al verlo corrió y se echó sobre su cuello, y le besó; e inmediatamente le ordenó a sus servidores que le trajeran vestidos nuevos (símbolo de una nueva dignidad), un anillo (símbolo de un nuevo pacto) y sandalias (símbolo de libertad, los esclavos andaban descalzos). E hizo una gran fiesta.

Cuando tú invitas a Cristo a morar en ti, literalmente regresas a tu Padre, te reconcilias con Él y **no** recibes un espíritu de vergüenza ni de esclavitud, **sino de adopción; te vuelves Su hijo, y puedes llamarlo Abba** (papi, papá). Quítate la religiosidad que imagina al Padre extraño y malhumorado; ya no le recites oraciones preconcebidas, tú no le hablas así a tus hijos ni a tus padres; no asumas que Él es de esta o aquella forma. ¡Conócelo! Acércate confiadamente al trono de Su gracia Hebreos 4:16, desarrolla Su amistad personal, déjalo ser tu amigo y Papá. No vivas más en temor, Él es real y está a la puerta, y quiere mudarse a ti para que seas Su templo. Déjalo hacerte feliz, déjalo saciarte de bien y de plenitud, a ti y a tu descendencia. Él quiere darte nueva dignidad, hacer pacto eterno contigo y libertarte; acéptalo, todo, sin complejos ni juicio. Dios quiere festejar contigo hoy.

"El que me ama, mi palabra guardará; y mi Padre le amará, y vendremos a él, y haremos morada con él." Juan 14:23

Oración: ¡Ven y múdate a mí! Quiero hacer morada contigo Jesús. No sé como, pero sé que tu Palabra es real. Ven a mí, ven conmigo . . . Amén.

DÍA 20

Hoy viviré con Tu paz

El profeta dice sobre Jesús: *"Mas él herido fue por nuestras rebeliones, molido por nuestros pecados;* **el castigo de nuestra paz fue sobre él**, *y por su llaga fuimos nosotros curados."* Isaías 53:5

JESÚS MURIÓ POR muchas razones, todas ellas motivadas por Su inmenso amor por nosotros, y podemos parafrasear una de ellas como: "El castigo para que nosotros tengamos paz vino sobre Él." Pero nosotros, en medio de la duda razonamos algo como: "si Señor, yo se que fuiste herido por nuestras rebeliones, molidos por nuestros errores y tu cuerpo fue tan maltratado que se convirtió en una sola llaga, todo para que nosotros podamos vivir en paz; sin embargo, estando en este trabajo tan exigente y con tantas dificultades, la familia, las deudas, con tanta inseguridad en la calle, y guerras, y terremotos, en medio de este mundo tan convulsionado, ¿quién puede vivir en paz?"

Pero esta Palabra dice que Él ya sufrió para que nosotros vivamos en paz y cuando vivimos llenos de angustia y temor, deshonramos Su sacrificio . . . y lo desechamos. Debemos desarrollar suficiente fe para heredar Su paz, no la del mundo, no la que depende de nuestras circunstancias y condiciones sino la que Él ya nos dio y por la que pagó con Su preciosa sangre. Solo ejerciendo fe podemos agradar, agradecer y honrar a Dios. Hebreos 11:6 Si pagó tan alto precio por ti y por mí, debe ser porque somos valiosos, y seguramente Él va a seguir cuidando de nosotros. Confía, Él nunca ha fallado y jamás te fallará.

"La paz os dejo, **mi paz os doy**; *yo no os la doy como el mundo la da. No se turbe vuestro corazón, ni tenga miedo."* Juan 14:27

Oración: Dame de tu paz Jesús, esa paz que escapa a toda comprensión humana. No dependo de las circunstancias, yo solamente dependo de ti.

DÍA 21

Hoy viviré según Tus fuerzas y no las mías

*"Bienaventurado el hombre que tiene **en ti sus fuerzas**, En **cuyo corazón** están **tus caminos** . . . "* Salmos 84: 5

BIENAVENTURADO SIGNIFICA BENDITO o doblemente feliz, y David se está refiriendo al hombre que tiene en Dios sus fuerzas, que no confía solamente en las propias. Si te sientes cansado, irritado, frustrado, sin un sentido claro de por qué vives y de hacia donde vas, como si la vida te pesara, y te agrada mucho más el irte a la cama que levantarte de ella, te doy el diagnóstico bíblico: **Estás viviendo según tus fuerzas.** No te agotes ni te quemes, no te afanes; no te limites a tener éxito en un área de tu vida en detrimento de las otras; no temas, las cosas no son siempre lo que parecen.

Necesitas la perspectiva divina y para eso debes **abrir tu corazón a Sus caminos,** dejar que Él camine en ti, **que abra rutas dentro de tu ser** derribando las fortalezas que obstruyen tu libertad y bienestar. Ábrele completamente las puertas de tu corazón para que Su Majestad entre y, como lo dice Su Palabra, habite en ti; entonces y solo entonces Sus fuerzas serán tuyas, avanzarás firmemente hacia tu realización, y serás doblemente feliz. Tu vida no es una carga, es un regalo de Dios. No es poca cosa, es valiosa para Dios. No es difícil, es fácil con Dios. No es estéril, es fructífera con Dios . . . Su yugo es agradable, fácil, no es pesado ni frustrante. Déjalo vivificarte. Llénate de Él y verás que no miento.

"Porque mi yugo es fácil y mi carga es ligera." Mateo 11:30

Oración: Espíritu Santo, enséñame y ayúdame a echar sobre ti mi ansiedad porque tu tienes cuidado de mi. Amén. 1 Pedro 5:7

DÍA 22

Mis dolores pasados son preciosas semillas

"Atravesando el valle de lágrimas lo cambian en fuente, Cuando la lluvia llena los estanques." Salmos 84: 6

DESPUÉS DE BENDECIR a aquel que tiene en Dios sus fuerzas Salmos 84:5, David continúa con este verso, enseñándonos que cuando le abres a Dios tu corazón, y le dejas morar en ti, dirigirte según Su propósito, de acuerdo con Sus fuerzas, y cuando sigues adelante a pesar de las muchas dificultades (atravesando el valle de lagrimas), entonces Él convierte tus lágrimas, tu dolor, tu sufrimiento, en una **fuente que riega las vidas de otros**, y, a Su tiempo (cuando la lluvia llene los estanques), esas lágrimas darán fruto. Tú, con Dios, puedes hacer que hasta tu sufrimiento sea fructífero, que no sea en vano sino que tenga un buen propósito, que sea semilla y lluvia que riegue la vida de los que te rodean.

Cuando Jesús multiplicó los panes, recogieron las sobras y hasta contaron los canastos Lucas 9:17, enseñándonos que a Dios no le gusta el desperdicio. Ahora imagina, si Jesús contabilizó lo que sobró después de alimentar a una multitud, ¿tú crees que no va a llevar una contabilidad detallada de tus lágrimas y de tu dolor? Él es compasivo y aunque parezca lo contrario, tú jamás has llorado solo, Él siempre ha estado a tu lado. El cuenta cada lágrima, no para tenerte lástima, sino porque son semillas que Él quiere hacer fructificar.

*"Los que sembraron con lágrimas, con regocijo segarán. Irá andando y llorando el que lleva la **preciosa semilla**; Mas **volverá a venir con regocijo**, trayendo sus gavillas."* Salmos 126:5-6

Oración: Bendito Jesús, gracias por cada reto y cada prueba, usa mis lágrimas para regar mi futuro y el de los que me rodean. Amén.

DÍA 23

De Tu plenitud

"Porque de su plenitud tomamos todos, y gracia sobre gracia." Juan 1: 16

J UAN, EL DISCÍPULO amado, testifica de la realidad de Jesucristo. Él caminó con Jesús, y junto a Pedro y Jacobo conformaron el trío de los apóstoles más íntimos del Maestro. Solo ellos tres estuvieron con Jesús cuando fue transfigurado Marcos 9.2, cuando Jesús resucitó a la hija de Jairo Lucas 8:51 y solo a ellos les pidió que velasen con Él en Getsemaní, en medio de Su angustia. Marcos 14:33.

Pero Juan testifica de Jesús haciendo una afirmación que aún hoy resuena hasta los confines de la Tierra: *"De su plenitud tomamos todos"*. Pareciera estar diciendo: no solo los tres o los doce o el grupo de mujeres que seguían a Jesús fueron bendecidos, no, todos experimentaron, bebieron, comieron, admiraron y adoraron Su plenitud, abundante y desproporcionada (gracia sobre gracia, una sobre otra, una y otra y otra vez). Y pienso que Juan habla en participio presente, es decir, que no solo aquellos tomaron de Él sino que tú y yo, aún hoy, hemos tomado, reiteradamente, de Su *gracia sobre gracia*. Y lo mejor de todo: apegados a Él, Salmos 63:8 seguiremos recibiendo de Su plenitud, todos, gracia sobre gracia . . . Jesús es una nube cargada de bendiciones para llover sobre ti, y aunque hay muchas "cayendo" ahora mismo, procura no olvidar que siempre te ha regado, te ha inundado; solo debes mirar bien. Toma de Su plenitud y recibe de Su gracia.

*"Pues la ley por medio de Moisés fue dada, pero la **gracia** y la verdad vinieron por medio de Jesucristo."* Juan 1:17

Oración: Precioso Jesucristo, gracias por tu sacrificio en la cruz, ayúdame a estar atento para percatarme de tu plenitud diaria, de tu gracia sobre gracia, cada mañana.

DÍA 24

Tú eres poderoso

*"Y aun de las ciudades vecinas muchos venían a Jerusalén, **trayendo enfermos y atormentados** de espíritus inmundos; y **todos** eran sanados."* Hechos 5:16

CADA DÍA ME maravilla más el poder de Dios. No eran algunos o muchos los sanados y liberados, eran ¡todos! Y no era solamente toda la gente de la ciudad sino también de las ciudades cercanas, y no fue un día o dos sino mucho tiempo. Pero ¿sabes que es lo más impresionante? Que estos milagros no fueron hechos directamente por Jesús sino a través de sus discípulos, después de que el Maestro partió corpóreamente de la tierra. Dice la Biblia que cada vez más gente creía y los seguía, y sacaban a sus enfermos en camillas y lechos para que cuando Pedro pasara, los cubriese con su sombra y así eran sanados.

Esto es lo que necesita hoy día el mundo, el poder de Dios en acción y nosotros somos los llamados a ejercerlo. Dios está vivo, y habita en todo aquel que lo invita a vivir en él. No sigas viviendo en temor, enfermedad, dolor o depresión, déjalo entrar. ¿Estás enfermo? Pídele a tu esposo o a tu esposa, aún a tu hijo pequeño que ore contigo. No hay poder mayor que la oración en todo el universo. No pienses que tienes que llamar a un gran pastor o sacerdote o rabino, no, ora tú, porque **no se trata de quien ora sino del que oye la oración**, el Espíritu Santo de Dios que obra a través de ti. **No es por tu perfección, es por Su gracia**. ¡Glorifícalo, déjalo bendecirte, sanarte y ser testimonio de Su poder!

"De cierto, de cierto os digo: El que en mí cree, las obras que yo hago, él las hará también; y aun mayores hará, porque yo voy al Padre." Juan 14: 12

Oración: Espíritu Santo de Dios, sáname. Sana mi espíritu, líbrame de ataduras. Sana mi alma, líbrame de la ignorancia. Sana mi cuerpo, expulsa toda enfermedad. Gracias.

DÍA 25

Tú eres mi alegría

Jesús fue ungido y vino, entre otras cosas, *"a ordenar que a los afligidos de Sion se les dé **gloria** en lugar de ceniza, **óleo de gozo** en lugar de luto, **manto de alegría** en lugar del espíritu angustiado; . . . "* Isaías 61:3

¿NO ES MARAVILLOSO? Jesús vino a libertarnos del pecado, del mundo, de las ataduras, de la esclavitud, maldiciones, pobreza y enfermedades; pero además de la aflicción, del luto y de la angustia. ¿Estás afligido hoy por el desprecio o la incomprensión? Él tiene gloria para ti. ¿Estás afligido con luto por un ser querido, una pareja, un sueño, un trabajo? Él tiene aceite de gozo para ti. ¿Estás afligido por algo que te angustia? El tiene un manto de alegría para cubrirte.

Quizás tus sueños parecen completamente rotos, pero Él es especialista en recoger cada trozo, juntarlos cuidadosamente sobre sus faldas y producir uno mayor. Quizás te parece muy grande lo que crees haber perdido, pero Él es especialista en perder aún a Su propio Hijo, para luego surgir por siempre vencedor. Quizás te parezca muy grande la traición, pero déjalo tomar tu dolor y derramar Su óleo de gozo y cubrirte con Su manto de alegría. Déjalo abrazarte. Llora, si, llora a Sus pies, Él entiende, Él conoce tu aflicción, Él sabe bien como se siente eso que sientes, y solo Él puede devolverte el gozo. Después de todo, al gozo y la alegría los inventó Él. Un regalo solo para la humanidad, ningún otro ser puede disfrutarlos . . . y ningún otro ser puede alabarlo.

*"Mas os gozaréis y os alegraréis para siempre en las cosas que yo he creado; porque he aquí que **yo traigo a Jerusalén alegría, y a su pueblo gozo**."*
Isaías 65:18

Oración: Hoy abro mi corazón para dejar entrar Tu gozo y me dejo cubrir por Tu manto de alegría. Inúndame Jesús, Tú eres refrigerio para mis huesos y remanso para mi alma.

DÍA 26

Tú eres mi fiel Pastor

*"Jehová es mi pastor; **nada** me faltará."* Salmos 23:1

M E GUSTA LEER la forma condicional de éste verso: *"(Si) Jehová es mi pastor; (entonces) nada me faltará".* De modo que si algo me falta, entonces Él no es mi pastor. Debemos tener en mente dos cosas: 1) David usa el verbo faltar en presente perfecto, es decir que *nada me faltará* ni hoy, ni mañana, ni la semana ni el año que viene, ni durante el resto de mi vida en la tierra, ni después en los cielos. 2) Cuando imaginamos algo que nos pueda faltar, quizás pensamos en alimento, cobijo o un techo para abrigarnos, pero David tenía eso y mucho más. Es simple: Si nada falta es porque lo tenemos todo: Gozo, amor, paz, abundancia, éxito, satisfacción, trascendencia y más.

Un buen pastor no solo provee buen pasto y un claro manantial para sus ovejas, sino que también las protege de lobo y del oso, las venda cuando se lesionan, las cuida cuando se enferman, las acompaña en las noches y las trae al redil cuando se extravían, señalándole el camino por donde deben andar. También protege la puerta de acceso al rebaño, las llama por su nombre porque las conoce una a una, y hasta les habla y les canta. Hoy te reto con amor y te digo que, si algo importante falta en tu vida, es porque quizás Él no sea tu pastor, al menos en esa área de tu vida. Debes dejar que Su luz entre en todo tu ser, que te ilumine todo, no solo algunas partes. No puedes cederle a alguien tu asiento y permanecer sentado en él, eso sería solo un incómodo forcejeo. Para que Él pueda sentarse (señorear) en ti, debes entregarle la silla entera, sin reservas. La buena noticia es que Él anhela pastorearte y puede hacerlo ahora mismo, en éste instante, si tú tan solo le manifiestas tu deseo de pertenecer a Su precioso rebaño.

"No temáis, manada pequeña, porque a vuestro Padre le ha placido
daros el reino" Lucas 12:32

Oración: Señor, quiero pertenecer a Tu equipo y que seas mi coach. Sácame de la banca y enséñame a entregarlo todo en la cancha, a vencer como Tú venciste.

DÍA 27

Hoy camino por fe, no por vista

*"Es, pues, la fe la certeza de lo que se espera, la convicción de lo que **no se ve**."*
Hebreos 11:1

PABLO DEFINE LA fe y la divide en, al menos, dos dimensiones: 1) la **dimensión tiempo** que se refiere a la certeza con que esperamos lo que aún no existe o no se ha manifestado (salud, pareja, hijos, proyectos, etc.), pero también a 2) la **dimensión invisible**, *". . . la convicción de lo que **no se ve**".* Ya es, pero no puede verse, el mundo espiritual, invisible a nuestros ojos naturales, donde habita y se mueve el Espíritu Santo de Dios y Sus ángeles. Es una realidad más verdadera que tus manos y que las paredes de tu casa. Debemos mantener la convicción de que Dios está con nosotros aunque no lo veamos, por eso Pablo dice que *". . . las cosas que se ven son temporales, pero **las que no se ven son eternas**"* 2 Corintios 4:18 y también que andamos por fe, **no por vista**. 2 Corintios 5:7

Hoy te invito a esperar con fe las bendiciones venideras, pero también a que "veas" a Dios, a que tengas la convicción de Aquel que es el autor y consumador de esa fe, y que, aún en medio de las dificultades y de la aflicción, tengas paz, sabiendo que Él es real, no una ilusión; que está vivo y a tu lado, a tu alcance, porque Él acampa a nuestro alrededor Salmos 34:7 y que está con nosotros todos los días, hasta el fin del mundo. Mateo 28:20. No permitas que las bendiciones te aparten de Aquel que te las da; que nunca aquello que esperas te impida ver lo que ya es, ahora mismo, y siempre. ¡Enfócate!

*". . . sin fe es imposible agradar a Dios; porque es necesario que **el que se acerca a Dios crea que le hay**, y que es galardonador de los que le buscan."* Hebreos 11:6

Oración: Espíritu Santo, guíame para comprender que Tú eres real, más real que mis manos y mis huesos. Revélame Tú Presencia, muéstrame cuan cerca estás.

DÍA 28

Mayor es el que mora en mí

*"Hijitos, vosotros sois de Dios, . . . porque **mayor es el que está en vosotros**, que el que está en el mundo."* 1 Juan 4:4

CUANDO TE JUNTAS con gente emprendedora, eres motivado a emprender; cuando te reúnes con los que se ejercitan, te animas a entrenar, y si te acompañas de optimistas, te contagias de su entusiasmo. Cuando invitas a Jesucristo a entrar a tu vida, Él se viene a vivir en ti y su compañía te transforma: Tu mente comienza a renovarse y las imposibilidades, a desmoronarse. Nuevos sueños aparecen, junto con la convicción de que pueden lograrse. Pronto descubres que Él ve todo de una manera muy diferente, incluyéndote a ti, y comienzas a verte de la manera como Él te ve, y entiendes con toda tu alma que siempre has sido parte de Su plan, y que Él te diseñó exactamente como eres, sin faltarte nada. Salmos 139:16. Empiezas a extenderte fuera de tu zona de confort, a afrontar retos con una actitud diferente, a entender que eres trascendente y con un destino, que tu vida es valiosa y que Él quiere que seas todo el mejor tú que puedas ser.

No se que dificultades hay ahora en tu vida hoy pero si se que Él no solo te equipó para superarlas, sino que te acompaña mientras las superas. Así que levántate y declara: ¡El reporte médico dice que la enfermedad es muy grave pero mayor es Aquel que está en mí! ¡Mi matrimonio parece irreconciliable pero dejo entrar a Aquel que es mayor, para que me transforme y lo restaure! ¡Mis hijos están descarriados en el mundo pero mayor es el que está en ellos, y que los saca de allí! ¡El mundo está en tinieblas pero mayor es el que está en nosotros que el que está en el mundo! Él es el Todopoderoso, el Shaddai, el Omnipotente Rey de reyes y Señor de señores. Con Él, lo único imposible es que fracases . . .

*"Y he aquí tu parienta Elisabet, ella también ha concebido hijo en su vejez; y este es el sexto mes para ella, la que llamaban estéril; porque **nada hay imposible para Dios.**"* Lucas 1: 36

Oración: Auméntame la fe Jesús, quiero creer por cosas mayores, quiero trascender, quiero ser el mejor yo que pueda ser, y lo lograré con Tu ayuda. Amén.

DÍA 29

Hoy escojo la Vida

"Nadie hay que invoque tu nombre, que se despierte para apoyarse en ti; por lo cual escondiste de nosotros tu rostro, y nos dejaste marchitar en poder de nuestras maldades." Isaías 64:7

JESÚS YA HIZO todo lo posible y lo imposible para tener tu amistad, amor y obediencia: Él murió en la cruz por ti mucho antes de que nacieras, no esperó a ver como te comportabas o como lo tratabas. Allí llevó tus enfermedades, dolores, rebeliones y angustia, Isaías 53: 4-5 y se hizo maldito para bendecirte. Gálatas 3:13 Te escogió y te asignó un reino desde antes de fundar al mundo Efesios 1:4, Mateo 25:34 y se hizo pobre para enriquecerte. 2 Corintios 8:9 Además venció a su propia carne como humano, al mundo, al diablo y a la muerte, tan solo para libertarnos y tenernos junto a Él, para darnos nuestro lugar en Su mesa.

Ahora Él espera que lo busques, que te apoyes en Él. Quiere que tu vida sea grata y fructífera, y te da solo una carga liviana, un yugo fácil (yo diría que grato) de soportar. Él te aguarda ahora mismo. Búscalo, no importa en que estado te encuentres, solo Él te puede liberar. No esperes más, no te quedes a oscuras sin la luz de Su rostro ni te marchites en tus maldades. Despierta y apóyate en Él, florece. Invócalo ahora mismo. Es tiempo de retoñar, de reverdecer tu vida. Deja la rebeldía, cesa de insistir en tus propias fuerzas, ¡no funciona! Después de todo, nuestro único trabajo es pelear una batalla que ya Él ganó.

"Pero así dice Jehová a la casa de Israel: Buscadme, y viviréis;" Amós 5:4

Oración: Hoy te busco Espíritu Santo, y sé que te encontraré, sé que estás aquí, tan cerca. Hoy escojo la vida, no la muerte; la bendición, no la maldición; hoy escojo a Jesús.

DÍA 30

Hoy usaré mis dones

Cuando Jesús fue bautizado: *". . . hubo una voz de los cielos, que decía: **Este es mi Hijo amado**, en quien tengo complacencia."* Mateo 3: 17

S I DIOS ME dijera algo así desde los cielos y todos pudieran oírlo, pensaría que alcancé mis sueños y se acabaron mis retos para siempre; pero el verso que le sigue, me impacta: *"Entonces Jesús **fue llevado por el Espíritu al desierto, para ser tentado por el diablo.**"* Mateo 4:1 Jesús fue bautizado y lleno de poder, pero el mismo Espíritu que le dio ese poder, lo guió para empezar a usarlo de inmediato. ¿Cómo? Una prueba. ¿Cuál? Tres tentaciones satánicas. Al igual que nosotros con nuestros hijos, Jesús nos da acá ejemplo para desarrollarnos y fortalecernos. Él nos empuja a que ejerzamos autoridad y poder, para que venzamos las dificultades y cumplamos nuestro destino. Y para eso, no hay mejor lugar que el desierto (fuera de nuestra zona de confort), y mejor si de una vez enfrentas al diablo; después de todo, Él lo venció hace dos mil años.

Dios nos da sus bendiciones para usarlas, no para atesorarlas. Queremos poder para impresionar pero Él lo da a quien se esfuerza por establecer Su reino. Queremos dinero para sentirnos seguros pero Él lo da a quien anhela invertirlo en Su obra. Queremos fama pero Él solo nos dará de la buena, para que motivemos a otros a seguirlo. Queremos privilegios pero el mayor de todos es servir a otros. Queremos juventud y fuerzas, pero Él quiere que, además de lucirlas, las usemos. Procura ante todo conciliar tus sueños con los de Él, tus deseos con Su plan maestro, y entonces nada te será negado:

"Mas buscad primeramente el reino de Dios y su justicia, y todas estas cosas os serán añadidas." Mateo 6:33

Oración: Gracias por haberme creado como soy; instrúyeme para usar tus bendiciones para bendecir a otros, para descubrir Tu poder en mí.

PARTE II

APRENDIENDO A CONFIAR EN DIOS

"No concibo mayor responsabilidad que llevar a cabo los sueños que Dios ha puesto dentro de cada uno . . . "

"Dios se deleita en posibilitar lo imposible . . . a través de ti"

Jehová estará conmigo

"No habrá para qué peleéis vosotros en este caso; **paraos, estad quietos, y ved la salvación de Jehová** *con vosotros. Oh Judá y Jerusalén,* **no temáis ni desmayéis;** *salid mañana contra ellos, porque* **Jehová estará con vosotros.***"
2 Crónicas 20:17

EL REY JOSAFAT estaba a punto de enfrentar a *". . . una gran multitud del otro lado del mar, y de Siria."* Verso 2. Era un ejército numeroso y despiadado, de idólatras que sacrificaban sus propios niños al diablo y que era físicamente imposible de vencer. Pero Josafat sabía que Dios estaba con Él así que, en vez de buscar estrategias alternas o rendirse, este sabio rey **dejó espacio para que Dios obrase**. Él y el pueblo se mantuvieron quietos y no desmayaron, y entonces Dios intervino.

Hay situaciones en la vida en que debes darle espacio de "maniobra" a Dios y tú solo ejercer fe, en paz. Me encanta como mi hijo Daniel, de 5 años, se queda quieto cada vez que se nos acerca un perro a olfatearnos. Con una mano lo acaricia pero con la otra se mantiene tomado de la mía; sabe que estoy listo para protegerlo. Debemos aprender a hacer lo mismo con Dios, a estar quietos, tomados de Su mano. Y cuando el enemigo nos ataque, en vez de desesperarnos podemos decirle: Tu guerra no es conmigo, es con mi Papá, anda a vértelas con Él. Te aseguro que sentirás, en tu espíritu, como se aleja de inmediato aterrado. No tener temor no significa no sentirlo, sino no paralizarse, seguir adelante con temor y todo. Alaba a Dios y no te sueltes de Su mano. Él es fiel.

"Y cuando comenzaron a entonar cantos de alabanza, Jehová puso contra los hijos de Amón, de Moab y del monte de Seir, las emboscadas de ellos mismos que venían contra Judá, y se mataron los unos a los otros." 2 Crónicas 20:22

Oración: Gracias Jehová de los Ejércitos porque Tú eres mi guerrero y mi defensor; Tú peleas la guerra por mí, y nada ni nadie podrá vencerte jamás. Amén.

DÍA 32

Tú eres verdadero

"y dijo: Jehová Dios de nuestros padres, ¿no eres tú Dios en los cielos, y tienes dominio sobre todos los reinos de las naciones? ¿No está en tu mano tal fuerza y poder, que no hay quien te resista?" 2 Crónicas 20:6

JOSAFAT SE ENFRENTA a su mayor reto como líder del pueblo. En esos tiempos, perder una batalla significaba muy probablemente que el enemigo exterminaría cruelmente a todos los hombres, tomaría por la fuerza a las mujeres y esclavizaría o mataría a todos los niños también, sin hablar de las riquezas y el ganado. La situación era desesperante pero Josafat, en medio de la crisis, meditaba sobre la Palabra de Dios y concluía delante del pueblo: "La situación luce imposible a nuestros ojos pero acaso ¿no eres tú el Dios que lo domina todo y en cuya mano hay un poder irresistible? Conclusión: Si Dios nos apoya, ¡venceremos! Y Dios le dio una estrategia: **enfocarse en Dios, no en el enemigo . . .**

Si la batalla que tienes enfrente supera todas tus fuerzas, entonces no puedes vencerla solo, necesitas a Dios ahora mismo. Pero alégrate porque Él está de tu lado, y te mostrará Su gloria. En medio de la tensión, angustia e incertidumbre, Josafat no procuró artimañas militares ni aliarse con otros reyes, no buscó quien le vendiera armas o un préstamo para alquilar soldados. Josafat buscó agradar a Dios, y así activó un poder mucho mayor que una bomba nuclear. Ejerció fe, no enfocándose en las fuerzas del enemigo ni en la debilidad de su ejército, tampoco se registran lamentos ni acusaciones, ni que haya preguntado: ¿por qué a mí? Josafat decidió creer en la infinita grandeza de Dios. Y la clave fue lo que el rey hizo poco antes de la batalla, que por cierto, luego vencieron sin pelear:

*" . . . **inclinó rostro a tierra**, y asimismo todo Judá y los moradores de Jerusalén **se postraron delante de Jehová, y adoraron** a Jehová."*
2 Crónicas 20:22

Oración: Hoy decido enfocarme en Tú grandeza Señor y no en mis problemas; en Tú poder y no en mis debilidades. Se que puedo contar contigo.

DÍA 33

Hoy elijo confiar en ti Señor

"Y no apareciendo ni sol ni estrellas por muchos días, y acosados por una tempestad no pequeña, ya habíamos perdido toda esperanza de salvarnos." Hechos 27:20

PABLO, JUNTO A 275 hombres aterrados, les dijo confiado: *"no habrá ninguna pérdida de entre vosotros sino la nave."* Hechos 27:22 ¿Cómo te sentirías si en medio de una tormenta nocturna en el mar, empapado, con frío, sin ubicación ni rumbo, alguien te dijera: "tranquilo, el barco se hundirá pero tú te salvarás"? La situación era realmente desesperante, pero Pablo les comparte la razón de su confianza: *". . . esta noche ha **estado conmigo el ángel del Dios** de quien soy y a quien sirvo, diciendo: Pablo, no temas; **es necesario que comparezcas ante César;** y he aquí, Dios te ha **concedido todos los que navegan contigo**."* versos 23-24

Pablo poseía dos cosas claves: **Comunión con Dios y un claro propósito en la vida,** y sabía que nada ni nadie podrían impedirlo porque era Su voluntad. Si Dios lo dijo, Dios lo hará. Y tú, ¿tienes comunión con Dios? ¿Cuál es tu propósito? ¿Conoces el plan para el que Dios te creó? Descúbrelo, síguelo, persevera en él, y entonces ninguna tormenta en la vida te apartará de tu objetivo, y además impactarás a otros, como esos 275 hombres que sobrevivieron únicamente porque un hombre en medio de ellos, en vez de sumarse al temor, le oró y le creyó a Dios. Cuando enciendes una luz, alumbras también a los que te rodean.

"No descuides el don que hay en ti, . . . Ocúpate en estas cosas; permanece en ellas, para que tu aprovechamiento sea manifiesto a todos." 2 Timoteo 2:14-15

Oración: Espíritu Santo, quiero escuchar Tú voz y conocer Tú plan para mi vida. Revélate.

DÍA 34

Hoy nada me distrae de Tus propósitos

". . . habiendo recogido Pablo algunas ramas secas, las echó al fuego; y una víbora, huyendo del calor, se le prendió en la mano." Hechos 28:3

PABLO NO SE distraía fácilmente de su objetivo. Una víbora se le "prendió" (no solo lo mordió sino que se le colgó) de la mano vaciando su poderoso veneno, y mientras los naturales del lugar esperaban que muriese en instantes *". . . él, sacudiendo la víbora en el fuego, ningún daño padeció."* Verso 5. La conducta de Pablo nos muestra un nivel superior de fe y convicción que solo es posible cuando estamos completamente enfocados. Nada puede detener a alguien así. Él sabía que tenía mucho por hacer y que no moriría antes de hacerlo, por lo que ni siquiera se distrajo en evaluar el dolor o la hinchazón en su mano . . . pero algunos de nosotros nos paralizamos tan solo porque alguien no nos saludó.

¡Enfócate! Cierto veneno te puede dañar solamente si le pones atención. No te perturbes por pequeñeces, se mayor que tus circunstancias. Pon tus ojos en Cristo y dedica tiempo y esfuerzo a Su meta para ti. Sacúdete los rumores y la murmuración. No estás llamado a vivir en temor sino en victoria. No eres esclavo, eres libre; concéntrate en lo que tienes adelante, no atrás; vive el presente sin temor, aferrado a Dios, y cumple el maravilloso plan que Él tiene para tu vida.

"pero una cosa hago: olvidando ciertamente lo que queda atrás, y extendiéndome a lo que está delante, prosigo a la meta, al premio del supremo llamamiento de Dios en Cristo Jesús." Filipenses 3:13b-14

Oración: Santo Padre, hoy elijo enfocarme en Ti y en Tus prioridades. Desecho toda distracción y pérdida de tiempo que quiera separarme de tus objetivos.

DÍA 35

Soy tuyo, para siempre

Jesús dijo de nosotros, sus ovejas: *". . . yo les doy vida eterna, y no perecerán jamás, ni **nadie las arrebatará de mi mano.**"* Juan 10:28

SIEMPRE PENSÉ QUE cuando Pablo escribió que ni la vida ni la muerte, ni ninguna otra cosa lo podría separar jamás del amor de Dios Romanos 8:38-39, había sido muy osado y que solo un apóstol de su calibre podría hacer semejante declaración. Pero acá Juan nos enseña que no se trata de nosotros sino de Él, que nunca se aparta de nosotros, y de que nada ni nadie nos podrá arrebatar de Su mano. No importa cuan difíciles se vean las cosas, Él no nos suelta.

La única manera de que un hijo de Dios fracase es dejando de creer en la Palabra de Dios. Si algún familiar se ha apartado, confiesa que nadie le puede arrebatar de la mano de Dios. Si sufres adicción a la pornografía, masturbación, cigarrillo, licor o drogas, tómate de la mano de Dios; Él te librará y nadie te podrá volver a arrebatar de Su mano. ¿Estás tú o un ser querido gravemente enfermo? Confiesa que Él no les suelta. ¿Tienes escasez económica? Declara que el es tu fuente, tu Pastor, y que nada te puede faltar. Jesús es el firme ancla de nuestra alma, no importa cuanto se sacuden las olas y el viento en la superficie; en el fondo, en lo invisible, el ancla está fijo, está firme, irrompible, inmutable . . . no se rompe ni nadie lo corta. ¡Nadie te puede arrebatar de Él!

*"Mi Padre que me las dio, es mayor que todos, y **nadie las puede arrebatar de la mano de mi Padre.**"* Juan 10:29

Oración: Gracias Padre porque no existe poder sobre la tierra que me vuelva a separar de ti.

DÍA 36

Yo se que Dios tiene un plan

Estaba Jesús lavando los pies de sus discípulos y cuando llegó el turno de Pedro, éste le dijo: *". . . Señor, ¿tú me lavas los pies? Respondió Jesús y le dijo:* **Lo que yo hago, tú no lo comprendes ahora; mas lo entenderás después.***"* Juan 13:6-7

JESÚS LE ESTABA diciendo a Pedro: "Confía un poco más en mi, entiende que yo se lo que hago en ti, y aunque esto te parezca extraño o inadecuado, aunque tú mente se resista a recibir mi amor, mi ternura, mis cuidados, confía y te aseguro que **después lo entenderás.** Yo tengo el control de todo, yo se lo que te conviene, ¿podrías tener la humildad de dejarme obrar en tu vida sin retarme ni limitarme?"

Muchos de nosotros experimentamos mayores dificultades al aceptar a Jesús que antes, porque Él nos saca de nuestra zona de confort para que crezcamos, para que avancemos, para que recibamos más de parte de Él. Que Jesús te lave los pies es un acto de inmensa humildad de parte suya pero, para nosotros, es una muestra de Su inmenso amor paternal. Los pies se ensucian al caminar en el mundo, y Él mismo, con Su Palabra, los limpia. ¿Alguna vez has pensado cuántas bendiciones tiene Dios para ti que tú, por tus paradigmas, no le has permitido darte? No se en que reto o dificultad te encuentras ahora pero si confías en Jesús, Él va no solo a socorrerte, también va a cuidarte, a ayudarte y levantarte, y aunque tu . . . *"no lo comprendas ahora"*, créele, créele, créele y recíbelo, y con certeza *"lo entenderás después"*.

"Pedro le dijo: No me lavarás los pies jamás. Jesús le respondió: Si no te lavare, **no tendrás parte conmigo***."* Juan 13:8

Oración: Señor. Yo elijo confiar en ti hoy y siempre. Aunque no te entienda, sé que tienes un buen plan.

DÍA 37

Mi Dios no miente

Primero una increíble promesa: *"Mira ahora los cielos, y cuenta las estrellas, si las puedes contar. Y le dijo: Así será tu descendencia."* Génesis 1:5 Y en el siguiente capítulo vemos nuestra frecuente <u>interpretación</u> de las promesas: *"Dijo entonces Sarai a Abram: Ya ves que **Jehová me ha hecho estéril**; te ruego, pues, que **te llegues a mi sierva**; **quizá** tendré hijos de ella. Y atendió Abram al ruego de Sarai."* Génesis 16: 2

AL IGUAL QUE la mayoría de nosotros, Sarai decidió tomar "cartas en el asunto". Quizás le dijo a Abram: "Que buena la promesa pero necesitamos hacer algo más sensato que sentarnos a esperar; si es Su voluntad, entonces esto funcionará, después de todo *"Jehová me ha hecho estéril"*. ¡Que contradicción! Sarai solo creía a medias en Dios, porque lo culpaba. En medio de su frustración, procuraba ensamblar su lógica con su poca fe . . . pero eso no es posible, y por eso le atribuye a Dios características que Él no tiene. Así nace la religión, y la blasfemia. Es algo como "oremos por sanidad pero a lo mejor Dios se lo quiere llevar", o "espero la pareja que Dios me dará, pero yo no suelto a mi "peor es nada." Sarai culpa a Dios de su esterilidad, mientras le pide que la libre. Seguramente meditó mucho antes de concluir que "no había otra opción" y exponerle a Abraham su "solución."

Luego que la esclava dio a luz a un hijo de su "amo", se sublevó y la autoridad se invirtió; ahora Agar *"miraba con desprecio a su señora."* Verso 4. Cuando tratas de forzar las promesas de Dios, tomas una autoridad que no te corresponde, y eso siempre trae desorden y caos. Aprende a esperar confiado en Dios; si Él lo dijo, Él lo hará; Él tiene un momento perfecto para todo, Él ve el cuadro completo, tus emociones son una lente distorsionada. Apégate a Su Palabra porque ¡Él es fiel!

*"Por lo cual, queriendo Dios mostrar más abundantemente a los herederos de la promesa la inmutabilidad de su consejo, **interpuso juramento**; para que por dos cosas inmutables, en las cuales es **imposible que Dios mienta**, tengamos un fortísimo consuelo . . . "* Hebreos 6:17-19

Oración: Padre, aumenta mi fe para que mi mente no sea un obstáculo sino un instrumento.

DÍA 38

Tú guías mis pasos

Josué le dijo al pueblo "... *Cuando veáis el arca del pacto de Jehová vuestro Dios,* ... *vosotros* **saldréis** *de vuestro lugar y* **marcharéis en pos de ella, a fin de que sepáis el camino por donde habéis de ir; por cuanto vosotros no habéis pasado antes de ahora por este camino* ... *"* Josué 3:3-4 Y agregó: *"Santificaos, porque Jehová hará mañana maravillas entre vosotros."* Verso 5

VEMOS ACÁ A Josué instruyendo al pueblo sobre como orientarse para entrar a la tierra prometida: Cuando **veáis** el arca (Presencia de Dios), entonces **saldréis** (de sus carpas, escondites, zonas de confort) y la **seguiréis** (a la Presencia), entonces **sabréis** por donde ir, porque nunca habéis pasado por ese camino. Y para poder seguir al Espíritu Santo debían santificarse, consagrarse. Imagino que todos estaban felices, Dios los dirigía finalmente a su destino, ¡aleluya!, hasta que Josué les anunció: *"el arca del pacto del Señor de toda la tierra pasará delante de vosotros* **en medio del Jordán.***"* Verso 11

¿Estás pasando por alguna prueba que más parece una encrucijada o una calle sin salida? ¿Parece que nada se mueve y la espera desespera? Las instrucciones son las mismas: Busca la Presencia de Dios primero, y cuando la veas (contemples, comprendas), sal de tu cueva, de tu confort y camina, siguiendo Su Palabra, aún en medio de la contradicción o la duda. Solo entonces sabrás por donde ir, porque Dios te quiere llevar por nuevos caminos que nunca antes imaginaste ni creíste posible hollar. Y cuando parezca que no hay salida, síguelo aún hacia tu Jordán, porque inmediatamente después te aguarda tu tierra prometida. Jentezen Franklin dice que "los obstáculos son escalones." Sé que es difícil seguir al Invisible pero es lo más seguro. Usa la Biblia como tu mapa, aún en la oscuridad ...

"Lámpara es a mis pies tu palabra, Y lumbrera a mi camino." Salmos 119:105

Oración: Hoy elijo creer Tú Palabra y seguirte solo a Ti, asumo responsabilidad por mis sueños y renuncio a culpar a otros y a las circunstancias.

DÍA 39

Tú cuidas y cuidarás, de mí y de los míos

*"echando **toda** vuestra ansiedad sobre él, porque él tiene **cuidado** de vosotros."*
1 Pedro 5:7

A MI HIJO DANIEL, que tiene ahora cinco años, le brillan de admiración los ojitos cuando hago alguna "hazaña" como separar dos piezas atascadas de lego o hacerlo "volar" como un superhéroe. Y cuando necesita mover algo pesado o abrir un grifo apretado, acude a mí porque, por ahora, las fuerzas de papá son superiores.

Y a nosotros adultos también nos brillan los ojos cuando adoramos a Dios y leemos Sus hazañas en la Biblia pero, a diferencia de los niños, al momento de recibir ese reporte médico, confrontar un nuevo reto o pasar por esa prueba indeseada, nos olvidamos de que Sus fuerzas siempre superan las nuestras, y nos enfocamos (como en un microscopio) en nuestras limitadas opciones. Pero acá Dios te dice que pongas toda esa ansiedad, todo ese temor, todo el vacío y la angustia **sobre Él**. ¿Sabes? **Él es fuerte y no solo puede ayudarte, quiere hacerlo.** Cuando mis hijos vienen cargados y agobiados, yo me esfuerzo en animarlos, y si lo logro, me siento feliz porque los amo, y no quiero verlos sufrir. Siempre hay pruebas pero Dios no quiere que suframos durante la prueba. Lo que lo deleita es que confiemos en Él en medio de ella, tomados de Su mano, sabiendo que Él tiene cuidado de nosotros; sabiendo que Él entiende lo que nosotros no; puede lo que nosotros no, y que ve bastante más allá. Suelta esa carga, ese perfeccionismo y ese deseo de controlar lo que no puedes, y échalo a los pies del Único que si puede. Descansa, afloja las tensiones, confía en Él, porque hoy Dios te ha prometido tener cuidado de ti. Hoy él te liberta del temor y la ansiedad.

"Por nada estéis afanosos, sino sean conocidas vuestras peticiones delante de Dios en toda oración y ruego, con acción de gracias. Y la paz de Dios, que sobrepasa todo entendimiento, guardará vuestros corazones y vuestros pensamientos en Cristo Jesús." Filipenses 4:6-7

Oración: Hoy suelto la pesada carga de mis miedos, vergüenza y culpas. Hoy me permito aceptar Tu ayuda. Gracias Jesús.

DÍA 40

Hoy elijo confiar

*"Guárdame, oh Dios, porque en ti he **confiado**."* Salmos 16:1

DIOS NO TE guarda porque seas bueno (hay buenas personas que niegan a Dios), por tu gran capacidad (después de todo, El te creó) ni por tus ayunos o largas oraciones. **Dios te guarda porque confías en Él**. No dice: Cuando me guardes, confiaré, en futuro, sino en participio presente: "Porque en ti he confiado", lo cual quiere decir "porque ahora mismo, en medio del reto, me mantengo confiando en ti." **Confiar es una acción**, es algo activo, una conducta observable. Confiar no es tranquilizarte cuando pasa la dificultad sino hacerlo en medio de ella.

Con frecuencia le pedimos a Dios que nos aparte de las pruebas pero son éstas las que nos hacen crecer, nos entrenan y fortalecen; si desaparecen las pruebas te atrofias espiritualmente, del mismo modo que si no mueves tus músculos, pierden fuerza y flexibilidad. No le pidas a Dios que aparte las pruebas sino que te fortalezca para superarlas, lo más pronto posible, y salir así discipulado por ellas, ensanchado, con mayor testimonio y autoridad. Extiende tu fe, actívala, estírala, úsala. Confía en Dios, persevera en creerle con toda tu alma, y tendrás la completa paz de Dios. Confía, confía, confía. Él está obligado por Su propia palabra que no sabe mentir: Te guardará, ahora y siempre.

"Tú guardarás en completa paz a aquel cuyo pensamiento en ti persevera;
***porque en ti ha confiado**."* Isaías 26:3

Oración: Padre, hoy elijo confiar en Ti, se que Tú me guardarás de todo mal.

DÍA 41

Yo se que Tú trabajas en mí

"Por la fe [Moisés] *dejó a Egipto, no temiendo la ira del rey; porque se sostuvo como viendo al Invisible."* Hebreos 11:27

MOISÉS EXPERIMENTÓ GRANDES dificultades cuando abandonó su confort como príncipe de Egipto, para ir a un desierto a cuidar ovejas ajenas durante cuarenta años; sin embargo, solo así pudo cumplir su sueño. Durante ese período de aparente estancamiento, conoció a su esposa y tuvo dos hijos, mientras compartía a diario con su suegro que no por casualidad era sacerdote. Fue también en ese período que se volvió *"más manso que todos los hombres que había en la tierra"* Números 12:3, de modo que estuvo listo para liberar, por el poder de Dios, al pueblo de Israel de la esclavitud. ¿Y cómo lo hizo? Se sostuvo (resistió, perseveró, creyó) como si estuviera viendo con sus propios ojos naturales al Dios Invisible. En medio de cualquier dificultad que estés pasando, no importa cuan espesa parezca la tiniebla, la enfermedad, el reto, ni cuan lejano se vea el sueño o cuanto ha durado la soledad o la escasez, sostente como si realmente estuvieras viendo al Invisible; agárrate fuerte de Dios aunque todo parezca guiarte en otra dirección. Si pudiéramos ver a Dios delante y junto a nosotros, no dudaríamos, así que confía, ten la certeza de que Aquel a quien no ves, es más poderoso que todas las circunstancias que si puedes ver.

Lo que más me impresiona es que después de esos años duros, Moisés pudo entonces a diario ver y conocer **cara a cara** a Aquel que durante tanto tiempo le fue Invisible. ¡Eso se llama fe en acción!

*"Y nunca más se levantó profeta en Israel como Moisés, a quien haya conocido Jehová **cara a cara**"* Deuteronomio 34:10

Oración: Padre Santo, incrementa mi fe para ver Tu poder y sostenerme en Ti como si te estuviera viendo cara a cara. Amén.

DÍA 42

Yo se que será como Tú has dicho

"porque por fe andamos, no por vista." 2 Corintios 5:7

PABLO NOS ENSEÑA que los creyentes en Jesucristo somos seres sobrenaturales, y que por lo tanto nuestro caminar (andar) es diferente, porque no nos guiamos por lo que nuestros ojos ven o lo que nuestro sentido común dicta, sino por Su Palabra. El cristianismo no es una religión ni una secta; fue el nombre espontáneo que se les dio a los que seguían a Jesús Hechos 11:26, porque se parecían a Él.

El doctor Harold Caballeros compara el vivir bajo los principios de la Biblia con pilotar un avión por instrumentos. Quizás no se ve nada por la espesa niebla, de modo que hay que confiar completamente en lo que el tablero (Biblia) dice. Seguir las emociones es muy peligroso porque ellas distorsionan la realidad. Adonde sea que creas que tu vida se dirige, revisa el rumbo bajo Su Palabra, no sea que vayas hacia un lugar muy diferente. Por otro lado, no importa cuan difícil se sienta vivir a ciegas, con incertidumbre o altibajos, si estás caminando en Su Palabra, en Su voluntad, estás en el camino correcto, sigue adelante porque caminamos por fe, **no por vista**; y la fe es la convicción de lo que **no se ve**. Hebreos 11:1b Tenemos que ponernos Sus lentes para ver con claridad y entender que Su voluntad siempre se hará, a Su tiempo, para nuestro bien, por Su gracia y para Su gloria. O como Jesús le dijo a Jairo sobre su hija muerta: "No temas; **cree solamente**, y será salva." Lucas 8:50

*"no mirando nosotros las cosas **que se ven**, sino las **que no se ven**; pues las cosas que se ven son temporales, pero las que no se ven son eternas."*
2 Corintios 4:18

Oración: Espíritu Santo, ayúdame a ver Tu rostro en medio de la neblina de mis circunstancias.

DÍA 43

Mi Dios levanta muertos y llama a lo que no es, como si fuese

CUANDO EL YA muy anciano Abraham recibió la promesa de que tendría abundante descendencia: "*. . . no se **debilitó en la fe** al considerar su cuerpo, que estaba ya como muerto (siendo de casi cien años), o la esterilidad de la matriz de Sara. **Tampoco dudó, por incredulidad**, de la promesa de Dios, sino que se **fortaleció en fe, dando gloria a Dios**.*" Romanos 4:19-20 Debemos imitar esa fe si queremos obtener las múltiples promesas Dios, así que veamos lo que hizo:

- No veía solo con sus ojos sino con su espíritu (no se debilitó en la fe): Aunque delante del espejo su cuerpo se le presentaba *"como muerto"*, y había sufrido la larga esterilidad de Sara, Abraham esperaba y, (aunque quizás también se des**esperaba**), él sabía que Aquel que sustenta la vida no es visible. Por eso <u>apartó su atención de lo natural</u>.

- Se enfocaba en Dios: No "dudó por incredulidad" sino se hizo fuerte en fe. Pensaba: "Si dependiera de mi sería imposible revivir este cuerpo viejo y gastado, pero como se trata de Ti Señor, estoy listo, váyanse arrugas y panza, me siento rejuvenecido, fuerte, uf, como adolescente." Se trataba de Su Creador, no de él, por eso le daba gloria, después de todo, ¿qué tiene de difícil que te cree nuevamente Aquel que ya te creó una primera vez?

Imitémosle, quitémosle la atención a lo que ven nuestros ojos y enfoquémonos en Cristo y Su Palabra, porque aunque invisible, Él es real y eterno. Abraham no se centró en sus propias limitaciones, sino en lo ilimitado del Padre, por eso actuó:

*"**plenamente convencido** de que* [Dios] *era también poderoso para hacer todo lo que había prometido."* Romanos 4: 19-21

Oración: Señor, hoy aparto mis ojos de lo natural y creo Tu Palabra. Se que *"pasará el cielo y la tierra, pero Tu Palabra no pasará."* Mateo 24:35 Ella es la Verdad.

DÍA 44

Yo entiendo por fe

*"Por la fe **entendemos** haber sido constituido el universo por la palabra de Dios, de modo que lo que se ve fue hecho de lo que no se veía."* Hebreos 11:3

¡QUE PODEROSA DECLARACIÓN!: *"por la fe **entendemos** . . . "* La creencia común es que por la fe **creemos** lo que **no** entendemos, pero ¿cómo se entiende por fe? Nuestra mente, acostumbrada a lo tangible, medible, a lo que puede comprender, inconscientemente ignora lo que no concibe y vive atrapada en su propia imposibilidad. Tus límites no están en tu físico o riquezas, sino en tu mente, y son del tamaño de tu imaginación. Cuando exploras una posibilidad, (ya sea una pareja o un título, casa propia, un hijo, una medalla o un gran ministerio), tu mente se expande, se abre a una idea, hasta **entender** que si puedes, aunque no tengas ni idea del como.

Si en medio de dificultades puedes recordar que Dios te ha librado antes, y saber (entender) que lo hará de nuevo, y que esta circunstancia fortalecerá tu carácter para algo mayor, entonces tu **fe te está haciendo entender**. Pablo no dice que tu fe deba ser ciega, al contrario, debe ver . . . pero lo invisible, lo que aún no ha sido hecho. Por eso es tan importante tener grandes sueños, porque cuando sueñas "ensayas" lo que más adelante sucederá; tu mente se va acostumbrando a aquello que luego acontecerá. Siembra siempre semillas de "posibilidad" en tus hijos y en todo ser humano, para que sus mentes se vayan ensanchando, se vayan embarazando, preparando, disponiendo . . . Todo lo visible proviene de lo invisible; lo existente fue antes un pensamiento . . . hasta el universo fue hecho de una sustancia, de un algo que no se veía . . . ¡Gracias Jesús!

"Jesús le dijo: Si puedes creer, al que cree todo le es posible." Marcos 9:23

Oración: Padre, ahora mismo expando mi mente y entiendo que fui creado para cosas grandes y que con Tu ayuda, todas se harán porque contigo todo es posible.

DÍA 45

Nada se compara a ti, no temeré

*"Más si por el **dedo** de Dios echo yo fuera los demonios, ciertamente el reino de Dios ha llegado a vosotros."* Lucas 11:20

NO ES NECESARIO recibir una revelación divina para percatarnos de que hoy en día existe, en todo el planeta, una intensa batalla entre el bien y el mal, que se percibe en la forma de degradación moral, violencia a toda escala (desde familiar hasta guerras), y desastres naturales. Todo parece ir rumbo al caos . . .

Sin embargo, aunque esta batalla es real, no debemos dejarnos confundir. Desde antes de vencer al maligno en la cruz y a la muerte en Su resurrección, Jesucristo ya expulsaba a Satanás y a sus demonios solamente con el *"dedo de Dios."* Los cuatro evangelios están inundados de las múltiples sanidades y liberaciones que hizo Jesús, y en ni un solo caso tuvo que esforzarse o concentrarse, y jamás falló. El diablo ya fue vencido, para toda la eternidad, nunca se recobrará, y su juicio ya fue dictado; su único poder es la mentira, Juan 8:44 pero si te dejas discipular por Jesús, conocerás la verdad y ésta, te hará libre. Juan 8:31-32 Entiende esto: El maligno no rivaliza ni rivalizó jamás con Jesús, sino que está bajo "el estrado de sus pies." Salmos 110:1, Mt 22:44, etc. Y lo mejor es que cuando tú invitas a Jesús a morar en ti, tampoco rivaliza contigo, porque "mayor es el que está en ti que el que está en el mundo" 1 Juan 4:4 y a los hijos de Dios "el maligno no los toca." 1 Juan 5:18 Regocíjate, no importa el tamaño del reto, ni lo que se ve delante de tus ojos y ni siquiera tu miedo. Levántate, camina erguido, avanza, porque somos *"más que vencedores por medio de Aquel que nos amó"*. Romanos 8:37

*"No temáis, ni os amedrentéis; ¿no te lo hice oír desde la antigüedad, y te lo dije? Luego vosotros sois mis testigos. **No hay Dios sino yo. No hay Fuerte; no conozco ninguno**."* Isaías 44:8

Oración: Bendito Jesús, gracias por Tu sacrificio que nos liberó para siempre de la mentira del enemigo. Tú eres el único Dios y nadie puede detener Tu preciosa voluntad para mi vida.

DÍA 46

Hoy me enfoco en la recompensa, no en el esfuerzo

*"Estas cosas os he hablado para que en mí tengáis paz. En el mundo tendréis aflicción; pero **confiad, yo he vencido al mundo**."* Juan 16: 32

JESÚS NO VINO a vencer la aflicción, Él vino a vencer al mundo, pero para lograrlo tuvo mucha aflicción. Por eso Isaías lo llama "varón de dolores, experimentado en quebrantos," pero a Él no le importó. El mismo Jesús dijo que la mujer, después de tener al bebé en sus brazos, se olvida de los dolores del parto. Después de todo, ¿qué importan todos los sacrificios y desvelos si tus hijos salen todos adelante? ¿A quién le "duelen" las horas de estudio al momento de recibir su titulo? ¿Qué importan las horas de trabajo extra si eres promovido y prosperado? ¿Qué importa lo duro de la terapia cuando regresas a tu completa salud?

La aflicción no importa, lo que importa es el logro por el cual la soportas. Creo que si corren lagrimas por las mejillas del atleta al recibir la medalla, no es solamente por el símbolo en su cuello sino justamente por haber superado las aflicciones, los entrenamientos, los dolores, las dietas, los retos, los fracasos . . . De hecho, eso es lo que simboliza la medalla. Si la aflicción te afecta en gran medida, si ocupa demasiado espacio en tu alma, quizás lo que te falta es una mayor razón para soportarla, un sueño más grande que ese al que has renunciado. Tu debes vivir a tu mas alto yo, a tu máximo nivel, al mejor tú que puedas ser. Tu misión es importante, y por ello Jesús te dice hoy, en medio de tus aflicciones, confía, yo ya vencí, y conmigo tú también vencerás. Y recuerda: ¡Él no falla!

"somos más que vencedores por medio de Aquel que nos amó." Romanos 8:37

Oración: Padre, hoy me enfoco en la recompensa y no en el esfuerzo, en la victoria y no en la aflicción, en Ti soy más que vencedor. Romanos 8:37

DÍA 47

Hoy pongo mis ojos en Jesús

"Y guiaré a los ciegos por camino que no sabían, les haré andar por sendas que no habían conocido; **delante de ellos cambiaré las tinieblas en luz**, *y lo escabroso en llanura.* **Estas cosas les haré**, *y* **no los desampararé.***"* Isaías 42: 16

¿ALGUNA VEZ HAS manejado en medio de la niebla? Al principio no se ve nada y quieres detenerte pero, si sigues adelante, la neblina se diluye mientras avanzas. Entonces te enfocas en la desgastada línea blanca que divide la carretera, y así evitas accidentarte. Algo similar sucede cuando pasamos por pruebas. Estamos cegados porque es una experiencia nueva, pero si seguimos avanzando enfocados completamente en Jesucristo y en Su Palabra, evitamos accidentarnos y estancarnos. Así como no podemos conocer nuevos lugares sin movilizarnos, no podemos crecer espiritual ni emocionalmente sin pasar por cambios y retos, los cuales son preciosas oportunidades que Dios usa como entrenamiento para cosas mayores. Lo mejor de ti sale cuando el camino es desconocido. El mejor tú florece cuando eres retado. No hay peor lugar que la zona de confort donde creyendo acomodarnos, nos atrofiamos. Si hay resistencias en tu vida es porque te estás moviendo; desarrolla el músculo y la actitud, endereza tus hombros, tú estás equipado, tienes lo que se requiere, avanza aún en medio de la niebla, tú precioso destino te aguarda.

Dios promete que si te atreves a seguir adelante confiando en Él, convertirá las tinieblas (amenaza) en luz (oportunidad), lo escabroso (empinado y peligroso) en llanura (plano y seguro), y como Él conoce nuestros corazones dubitativos, reitera que estas cosas "Él hará y que no nos desamparará." Despójate del peso de la comodidad y el temor, levántate de la cama del conformismo y la mediocridad, y avanza a conquistar ese maravilloso destino que solo tú puedes alcanzar y para el que fuiste creado.

"No temas, porque yo estoy contigo; no desmayes, porque yo soy tu Dios que te esfuerzo; siempre te ayudaré, siempre te sustentaré con la diestra de mi justicia."
Isaías 41:10

Oración: Padre, no temo porque Tú estás conmigo, no desmayo sino persevero.

DÍA 48

Hoy entiendo, recibo y retengo Tu Palabra, Tu semilla

*"Mas el que fue sembrado en buena tierra, éste es el que oye **y entiende la palabra**, y da fruto; y produce a ciento, a sesenta, y a treinta por uno."* Mateo 13:23

CUANDO JESÚS EXPLICA la parábola del sembrador a sus discípulos, les dice que los que dan fruto son aquellos que oyen y **entienden** la Palabra. Pero Marcos dice que son los que **la reciben**, Marcos 4:20 y Lucas dice que son los que la **retienen**, *"y dan fruto con perseverancia"*. Lucas 8:15 No creo que esto se deba a diferentes formas de redacción sino que contiene una enseñanza. Por ejemplo, muchas veces escuchamos una cita y sentimos que Dios nos está hablando. La meditamos un poco y ¡zas!, la **entendemos**. Digamos que estamos enfermos y entendemos (con nuestra mente) que Dios nos puede sanar porque "por sus llagas fuimos curados." Sin embargo, nuestro corazón cree que Dios puede hacerlo con otras personas pero no con el tumor cerebral que nos diagnosticaron. Por eso Marcos dice que tenemos que **recibirla**, apropiarnos de ella, declararla, aceptarla. Que baje al corazón. Más adelante, si el reporte médico sigue siendo negativo, necesitamos **retener** la Palabra, perseverar en ella para que demos *" . . . fruto con perseverancia."* La bajamos hasta el estómago. Ponemos en una mesa el reporte médico, y le dejamos caer con fuerza la Biblia encima y decimos: El reporte de Dios es mayor que el reporte del mundo. Dios no miente. ¡Por su llaga fuimos ya sanados, así que no puede ser de otro modo, soy sano en el nombre de Jesús!

*"Y no se debilitó en la fe al considerar su cuerpo, que estaba ya como muerto (siendo de casi cien años), o la esterilidad de la matriz de Sara. Tampoco dudó, por incredulidad, de la promesa de Dios, sino que se fortaleció en fe, dando gloria a Dios, **plenamente convencido** de que era también poderoso para hacer todo lo que había prometido."* Romanos 4:19-21

Oración: Espíritu Santo, ilumíname para oír, entender, recibir y retener Tu Palabra. No existe mayor tesoro.

DÍA 49

Se que cuento contigo

*"**No temas**, porque yo estoy contigo; **no desmayes**, porque yo soy tu Dios que te esfuerzo; **siempre** te ayudaré, **siempre** te sustentaré con la diestra de mi justicia."*
Isaías 41:10

ES HERMOSO VER que nuestro Padre no solo nos anima a avanzar, sino que nos explica por qué debemos hacerlo; y por si fuera poco, sus promesas empiezan con "siempre", y cuando Dios dice siempre quiere decir: ¡Siempre! No casi siempre, no la mayoría de las veces, no muchas veces; sino **absolutamente todas las veces**. ¿Algunas veces sientes temor y soledad? No temas, Él está contigo y **siempre** te ayudará. ¿A veces te cansas por tantas actividades y trabajo? No desmayes, Él es quien renueva tus fuerzas y **siempre** te sustentará.

Dios no solo está presente, sino que nos sustenta, ¡siempre! Nuestro corazón es engañoso (Jeremías 17:9), se asusta y busca una certeza visible, por eso hasta una pequeña mascota nos hace sentir acompañados; pero no te acompaña un gatito o un perrito sino el León de Judá, el Rey de reyes y Señor de señores, junto a sus legiones de ángeles y carros de fuego. Dios no solamente es verdadero, Él es la Verdad; no es solo poderoso, es el Todopoderoso Dios Omnipotente; no solo es sabio, es Omnisciente, Él es el conocimiento, así que te invito a apropiarte de Su Palabra para que vivas en Su verdad. Al despertarte y cuando sientas soledad o temor, declara:

*"No temo, porque **Tú estás conmigo**; no desmayo porque **Tú eres mi Dios que me esfuerza**; siempre me ayudarás, siempre me sustentarás con la diestra de tu justicia. ¡Amén!"*

Oración: No temo porque Tú estás conmigo, porque siempre me ayudas y me sustentas.

DÍA 50

Enséñame cosas grandes y ocultas

"Clama a mí, y yo te responderé, y te enseñaré cosas grandes y ocultas que tú no conoces." Isaías 33:3

ME ENCANTA CUANDO Dios nos dice "si tú haces esto, entonces yo haré aquello" porque realmente significa **"si tu haces lo natural, yo haré lo sobrenatural"**. Analiza bien esta promesa: Si tú clamas a Él, con certeza Él responderá, Él va a intervenir, va a actuar y se va a manifestar en tu vida. Y ¿sabes algo? Es exactamente allí, en medio de la prueba, en medio del desierto o de la tormenta, donde más se nos revela y nos muestra Su gracia. Es justo allí, donde no tienes nada más a que asirte, donde no tienes otra opción, cuando Él extiende Su mano y te saca a tierra firme, renovado, fortalecido . . .

Pero lee bien la segunda parte: Dios no solo te responde y atiende tu clamor, sino que aprovecha la oportunidad y te muestra Su grandeza, y te enseña **cosas grandes y ocultas**, de Si mismo, de Su fuente, de Su sabiduría y gloria. **Hay aspectos de Dios que solo se conocen en medio de la prueba,** y si estás en medio de una, anímate, levántate con fe, extiende tus manos y clámale a Él; aprovecha la excelente oportunidad y dile: "Padre, si en medio de esta prueba voy a ver tu grandeza, bienvenida sea. Si en esta prueba me vas a enseñar cosas grandes y ocultas que hoy desconozco, y si voy a ver y conocer más de Ti, de Tu gracia y de Tu amor, más de Tu poder y Tu misericordia, pues la bendigo; ya no te pido que me saques de ella sino que me des la fuerza para superarla, porque se que contigo soy más que vencedor. No temo, creo solamente, y quiero más de ti."

"Cuando pases por las aguas, yo estaré contigo; y si por los ríos, no te anegarán. Cuando pases por el fuego, no te quemarás, ni la llama arderá en ti" Isaías 43:2

Oración: Padre, aumenta mi fe, yo persevero en Ti porque se que me enseñarás cosas grandes y ocultas. Revélate a mí Señor en medio de mis retos.

DÍA 51

Yo te encomiendo mi caminar

"Encomienda a Jehová tu camino, Y confía en él; y él hará." Salmos 37:1

UNO DE LOS significados del verbo encomendar es: "Encargar a alguien que haga algo o que cuide de algo o de alguien".[15] Acá David nos instruye para que hagamos lo mismo con nuestro camino: Entregárselo a Dios para que Él lo cuide. Encomendarle mi camino, pedirle a Él que lo construya y que lo abra, que aparte los obstáculos que yo no puedo remover; que no me deje caminar por donde no me conviene y que me guíe adonde sí. Que cierre las puertas de maldición y abra las de bendición, que me guíe a tomar decisiones sabias y de acuerdo a Su buena voluntad, mientras cuida de cada paso. Dios quiere guiarte a lugares mejores y más elevados, con mayor gozo y bendición, pero debes dejarlo guiarte por donde debes ir. Isaías 48:17 Algunas veces le pedimos esto a Dios en la mañana pero, pocas horas después, nos soltamos de Su mano para seguir nuestra propia ruta, a nuestra manera, dando pasos (decisiones) hacia donde nuestra sensatez nos guía. Por eso David especifica dos acciones claras:

1. Encomienda: Deja que Dios vaya construyendo, paso a paso, minuto a minuto, el camino por donde pisas y avanzas.

2. Confía: Abandona tu propia ruta y toma tus decisiones según Su Palabra.

Si aceptas Su dirección y confías en Dios, **¡Él hará!** Entonces verás Su mano protectora contra tus adversarios, Su mano proveedora para ti y los tuyos, Su mano sanadora que te restaura, Su mano poderosa que te empuja hacia arriba y adelante, para que nunca estés solo y seas prosperado en todo.

---

[15] Diccionario Electrónico de la Real Academia de la Lengua Española actualmente disponible en: http://buscon.rae.es/draeI/SrvltConsulta?TIPO_BUS=3&LEMA= encomendar

"Fíate de Jehová de todo tu corazón, Y no te apoyes en tu propia prudencia.
Reconócelo en todos tus caminos, Y él enderezará tus veredas." Proverbios 3:5-6

Oración: Hoy te encomiendo cada paso Señor, mío y de los míos. Confío en Ti porque sé que Tú harás. Amén.

DÍA 52

Los terremotos apartan las piedras del camino

*"Y hubo un gran terremoto; porque un ángel del Señor, descendiendo del cielo y llegando, **removió la piedra**, y se sentó sobre ella."* Mateo 28:2

LA PIEDRA NO fue removida para que Jesús saliera, ya Él había resucitado. El ángel la removió para que todos pudieran ver que la muerte había sido vencida, para dar testimonio de que Dios es invencible. La piedra fue removida para traer esperanza y fe. No se por cual situación o reto estés pasando; quizás, bajo tus pies, todo se sacude y no encuentras nada de que asirte, mientras todo a tu alrededor se tambalea; pero lo que si se es que, a pesar de que los terremotos nos estremecen y asustan, remueven piedras (obstáculos, límites, distractores) y traen esperanza, fe y verdad. Y muchas veces es el mismísimo ángel del Señor quien las remueve para fortalecerte, expandirte, ensancharte, sacarte de tu zona de confort donde nada pasa y llevar tu vida a un nuevo nivel. Él quiere, sobre todo, acercarte a si mismo porque tú eres Su mayor anhelo.

Cambiar es doloroso pero bueno. Hay retos que literalmente nos mueven el piso (como un terremoto), pero nos hacen crecer. A veces una grave enfermedad en el cuerpo significa un salto cuántico en el espíritu. La mayoría de los matrimonios con problemas, que luchan por él, alcanzan uno mucho mejor después. **A nuestros ojos, las dificultades parecen de muerte, pero son para vida.** Por eso, cuando aquellas mujeres fueron a buscar el cuerpo de Jesús y se asustaron al no encontrarlo, el ángel les hizo una pregunta que está entre las citas que más amo en toda la Biblia:

"¿Por qué buscáis entre los muertos al que vive?" Lucas 24:5b

Oración: Señor, gracias porque Tú eres el Dios que convierte los obstáculos en trampolines para subir a un nuevo nivel. Sé que Tú vives en mí.

DÍA 53

Hoy levanto mi bandera de conquista

" . . . ; *porque vendrá el enemigo como río, mas el Espíritu de Jehová levantará bandera contra él.*" Isaías: 59:19

E L ENEMIGO VIENE como un río porque se mete por cualquier pequeño canal que le abrimos. Por eso precisamos cerrar herméticamente todo posible acceso a nuestra vida y a nuestra descendencia, porque el Señor ofrece defendernos "levantando bandera" pero, ¿cómo se detiene a un rio con una bandera? El río simboliza energía natural, pero la bandera es un símbolo de conquista espiritual. Cuando pones una bandera en un territorio estás declarando potestad, autoridad y dominio sobre dicho lugar. Y mientras mayor sea tu conquista, más en alto pones la bandera, para que se vea desde lejos.

Del mismo modo como la mente y emociones prevalecen sobre el cuerpo, el mundo espiritual prevalece sobre el natural. Cuando el enemigo te ataque como un río (en lo natural y visible), no debes enfocarte en detenerlo físicamente sino en que Dios levante bandera contra él. ¿Y cómo lo haces? Buscando Su Presencia y declarando y confesando Su Palabra independientemente de lo que vean tus ojos, declarando Su verdad sobre toda mentira, Su eternidad sobre toda temporalidad, Su certeza sobre toda duda. Si eres capaz de creer la Palabra de Dios hasta entender que es más real que todo aquello que ven tus ojos (eso se llama fe), cuando el enemigo venga a atacarte como un rio, lleno de lodo y de mentira, "por debajo", entonces tú alzarás tus ojos y tu voz a la verdad, y el Espíritu de Dios levantará bandera contra él y no podrá dañarte, ni siquiera salpicarte. El enemigo no tiene poder sobre ti, porque al momento de invitar a Jesucristo a morar en ti, fuiste sellado por Aquel que te engendró.

" . . . *pues Aquel que fue engendrado por Dios le guarda, y **el maligno no le toca.**" 1 Juan 5:8

Oración: Hoy me sacudo y expulso todo miedo y rencor de mi alma, y Te dejo espacio para que Tú levantes bandera contra el enemigo y sus instrumentos. Amén.

DÍA 54

Hoy ejerzo autoridad espiritual

" . . . ; *porque vendrá el enemigo como río, mas el Espíritu de Jehová levantará bandera contra él.* " Isaías: 59:19

CUANDO EL JOVEN David vio al gigante Goliat (figura del maligno), no se enfocó en su estatura ni en su fuerza, sino que "levantó bandera" y le dijo: "*. . . Tú vienes a mí con espada y lanza y jabalina;* [lo natural, material] *mas yo vengo a ti en el nombre de Jehová de los ejércitos, el Dios de los escuadrones de Israel, a quien tú has provocado.* 1 Samuel 17:45 Y el gigante entendió que aquella era una batalla espiritual porque, a pesar de que David no era físicamente rival para él, lo "maldijo por sus dioses." Verso 43 Ya sabemos lo que pasó después: el gigante (la mentira) cayó al recibir en su frente (mente) el impacto de la piedra (Cristo). Luego David tomó la gigantesca espada de Goliat y, a pesar de su gran peso y la juventud de David, la levantó sobrenaturalmente (como a la bandera, lo espiritual prevalece sobre lo natural) y con ella misma le cortó la cabeza al gigante. Cuando expones la verdad de Jesucristo en el espíritu, la mentira se mata a si misma.

¿Por qué el conflicto entre los países del Medio Oriente e Israel no ha sido resuelto a pesar de llevar más de tres mil años? Porque no es político ni diplomático, es espiritual, y un conflicto en el espíritu no puede resolverse en lo natural. Lo espiritual prevalece . . .

"*. . . y todo lo que atares en la tierra será atado en los cielos; y todo lo que desatares en la tierra será desatado en los cielos.* " Mateo 16:19

Oración: Padre Santo, guíame para ejercer la autoridad que me has dado y revélame como tratar espiritualmente mis asuntos diarios. Gracias Jesús.

DÍA 55

Hoy te creeré por cosas grandes

"Y a Aquel que es poderoso para hacer todas las cosas mucho más abundantemente de lo que pedimos o entendemos, según el poder que actúa en nosotros,"
Efesios 3:20

ALGUNAS VECES EL Espíritu de Dios me ha guiado a pedirle cosas que no entiendo y hasta me parecen absurdas, por lo grande o difícil que yo las veo. De repente me encuentro clamando por la paz de un país en el que nunca he estado o por la conversión a Cristo de todo el Medio Oriente pero, al mismo tiempo, en lo más profundo de mi espíritu, yo sé con absoluta certeza, que esa oración está siendo escuchada en los cielos y que es simplemente un deseo que proviene del corazón de Dios, buscando manifestarse en la tierra. Pero, ¿por qué Dios quiere que le pidamos lo que Él ya puede hacer? Porque ese deseo que Dios quiere manifestar, se crea, ocurre, se expresa *"según el poder que actúa en **nosotros.**"*

Cuando ores, dale espacio al Espíritu para que también Él pueda orar a través de ti. Sé que puede sonar ridículo y arrogante, pero Dios necesita de Sus hijos para ejercer Su voluntad en la tierra, porque Él nos la delegó legalmente. Él el poderoso para hacer mucho más de lo que podemos pedir o imaginar, a través de Su poder **en nosotros**. Él siempre puede hacer todas las cosas de una manera más poderosa, más abundante, más milagrosa de lo que osamos pedirle y de lo que podemos entender. Si de repente te encuentras orando por algo totalmente imposible y aún así, tienes la certeza en tu espíritu de que Dios está escuchando y lo va a hacer, no te preocupes, lo que tienes no es locura, se llama fe.

*"**Pídeme**, y te daré por herencia las naciones, Y como posesión tuya los confines de la tierra."* Salmos 2:8

Oración: Gracias Padre porque Tú generosidad y poder superan todos mis sueños y necesidades.

DÍA 56

Hoy no me enfoco en mis fuerzas sino en las Tuyas

"Pero Satanás se levantó contra Israel, e incitó a David a que hiciese censo de Israel." 1 Crónicas 21:1

¿SABÍAS QUE NUESTRO enemigo está siempre al acecho para tratar de infiltrar pensamientos en nuestra alma? Por eso Pablo no ignoraba sus maquinaciones 2 Corintios 2:11 y Pedro nos advierte que éste está alrededor de nosotros, buscando a quien atacar, 1 Pedro 5:8, pero lo que más llama mi atención es que no fue a un mundano cualquiera a quien logró incitar (influenciar, manipular) sino a David, un intercesor y adorador, un hombre lleno del Espíritu Santo y figura además de Cristo. Pero con él, al igual que con nosotros, Satanás actuó donde encontró temor. David deseó medir sus fuerzas militares contra sus enemigos, medir y confirmar su poder, olvidando que el Señor peleaba sus batallas, Nehemías 4:20 así como pelea las nuestras hoy en día.

La próxima vez que tengas un gran reto, esfuérzate y se valiente pero recuerda que es el Señor quien pelea tus batallas, no tú; recuerda que Él está contigo y nunca te desampara, así que **no compares la dificultad con tus fuerzas sino con las de Él.** No te enfoques en el reto sino en Él, en Su poderío y grandeza. Así fue como Jesús pudo, pocas horas antes de confrontar el más grande de los retos: la crucifixión, declarar que el diablo venía a atacarlo pero no podía ni puede incitarlo. Si te aferras a Dios, el enemigo no podrá influir en tu rumbo ni un milímetro, ni te hará jamás dudar, desconfiar o detenerte.

*"No hablaré ya mucho con vosotros; porque viene el príncipe de este mundo, y **él nada tiene en mí**."* Juan 14:30

Oración: Poderoso Señor, hoy me enfoco en Tú grandeza y no mis dificultades, Tú eres Omnipotente, y me amas . . .

DÍA 57

Hoy me esfuerzo para ser fortalecido

"Él da esfuerzo al cansado, y multiplica las fuerzas al que no tiene ningunas."
Isaías 40: 29

DIOS NO NOS promete fuerzas sino esfuerzo, a aquel que agotó sus fuerzas. Pero como consecuencia del esfuerzo, te fortaleces. Una vez leí que los fisicoculturistas entrenan tan intensamente que rompen las fibras musculares y luego, mientras duermen, éstas se regeneran más gruesas y resistentes. Pero esta cita va más allá de lo físico. Antes de tener hijos, amanecía agotado si me desvelaba, pero, al ser papá me acostumbré y ahora, aún desvelado, puedo funcionar bien. El mismo principio aplica para el estudio y el trabajo. Dios promete que multiplicará las fuerzas pero solo a aquel que ya se las gastó. Las fuerzas no se acumulan, se usan; son como las horas, si tratas de guardarlas, simplemente se desvanecen.

¿Quieres superarte? Esfuérzate más ¿Quieres un ascenso, una empresa, ser artista, deportista o un ávido lector? Esfuérzate más. ¿Quieres servir a Dios, a tu nación o proteger al ambiente? Esfuérzate más. Parece difícil y agotador pero no lo es, solo tienes que ser más fuerte, esforzándote más, y cuando tus fuerzas parezcan acabarse, **Dios promete darte más, y multiplicadas.** Solo así puedes ser realmente productivo. Algunos viven tan preocupados por dormir suficientes horas que se pierden la pasión de vivir, pero no le pidas a Dios que te recargue de aquello que no has gastado. Tú no añades agua a un vaso lleno, sino que lo vacías primero. No pidas más unción si no vas a orar por nadie; no pidas más fe si no tienes sueños grandes; no pidas más inteligencia si solo ves la televisión. No necesitas más potencial, el potencial ya está en ti, úsalo, disfrútalo, gástalo, y entonces Él te dará nuevas fuerzas.

"Si fueres flojo en el día de trabajo, Tu fuerza será reducida." Proverbios 24:10

Oración: Gracias Espíritu Santo porque Tú eres vivificante, Agua Viva, Pan de Vida.

DÍA 58

Tuya es la batalla

*"Porque así dijo Jehová el Señor, el Santo de Israel: **En descanso y en reposo seréis salvos; en quietud y en confianza será vuestra fortaleza.**"* Isaías 30: 15

LA BIBLIA ENSEÑA que debemos esforzarnos y ser valientes pero en ella, esfuerzo no es sinónimo de afán, ni valentía sinónimo de temeridad. Por eso el profeta acá corrige a aquellos que confían en sus propias fuerzas en vez de en las de Dios. Nuestras acciones en el plano físico repercuten en el espiritual. Si creemos en Dios y hacemos nuestra parte, Él hará la suya. Por eso cuando Jesús iba a resucitar a Lázaro después de cuatro días en la tumba, no quitó la piedra que cubría la entrada sino ordenó a otros que lo hicieran. Juan 11:39 Ellos harían lo natural y Él se encargaría de lo sobrenatural. Igualmente, cuando tú y yo nos esforzamos viviendo y trabajando con excelencia, integridad y valor, debemos hacerlo "en quietud y confianza", dejando espacio para que Dios actúe.

Podemos estar muy activos y atareados, pero internamente confiados y en reposo, en quietud y confianza, sabiendo que Dios es fiel, que cumplirá todas Sus promesas y que nada debemos temer. Solo así seremos realmente fuertes. Es allí donde podemos conocer a Dios y seguir sus instrucciones, donde Él nos salva y nos fortalece, así que, en medio de tus múltiples actividades diarias, no olvides la más importante: Pasar tiempo suficiente con tu Creador. El mundo está lleno de angustia y tensión, temor e inquietud, pero tú y yo *en descanso y en reposo seremos salvos; en quietud y en confianza será nuestra fortaleza*. ¡Gracias Jesús!

"Estad quietos, y conoced que yo soy Dios." Salmos 46:10

Oración: Gracias Padre porque ya venciste y mi única batalla es creerte. Hoy elijo creerte, expulso la duda y activo la fe que ya me diste. Romanos 12:3

DÍA 59

Todas tus promesas se cumplirán

"porque todas las promesas de Dios son en él Sí, y en él Amén, por medio de nosotros, para la gloria de Dios." 2 Corintios 1:20

SI ALGUNA VEZ alguien te ha prometido amarte toda la vida o pagarte todo lo que te debe, quizás a veces te asalte la duda porque no confías completamente que esa promesa sea verdadera y se cumpla. Sin embargo, con Dios es diferente: Cada una de las promesas de bendición, de prosperidad, de éxito que Él describe en Su Palabra (no solo para ti sino también para toda tu familia y descendencia), son ciertas y por si acaso temes que Dios pueda fallarte, Pablo nos recuerda acá que todas las promesas de Dios, <u>sin excepción</u>, son en Él (es decir que se cumplen en Si mismo) Sí y Amén; o sea que cuando Dios piensa en lo que te prometió, dice: ¡Si, ejecútese, que así sea! Pablo indica que las promesas son para la gloria de Dios, pero también aclara que éstas se cumplen **por medio de nosotros.**

¿Sabías que cuando alcanzas tus promesas glorificas a Dios? Cada vez que logras un nuevo éxito en cualquier área de tu vida, testificas de Su poder y amor. Yo no se que noticias lees hoy a diario pero te invito a leer las buenas nuevas que están en tu Biblia. Busca allí tus promesas, posiciónate en ellas, es decir provócalas, y luego espéralas porque vendrán para la gloria de Dios, Él ya se comprometió diciendo Sí y Amén.

*"Aunque la visión tardará aún por un tiempo, mas se apresura hacia el fin, y no mentirá; **aunque tardare, espéralo, porque sin duda vendrá, no tardará.**"*
Habacuc 2:3

Oración: Gracias Padre porque has creído en mí, porque has apostado a mi éxito. Contigo a mi lado no puedo fallar, todo se cumplirá.

DÍA 60

Anhelo verte

*"Jesús **clamó** y dijo: El que cree en mí, no cree en mí, sino en el que me envió; y **el que me ve, ve al que me envió.**"* Juan 12:44-45

JESÚS REPRESENTA TAN fielmente al Padre que no solo el que cree en Él, cree automáticamente en el Padre, sino que al ver a Jesús encarnado, los hombres de la época veían al Señor. Pablo lo dice así: *"Porque en él habita corporalmente toda la plenitud de la Deidad."* Colosenses 2:9 Yo no se como se puede contenerse toda la Divinidad en un hombre, toda la plenitud de la Deidad, la Majestad de Dios dentro de un cuerpo humano, pero en Jesús no solo fue así en su forma humana, sino que por supuesto lo es hoy, en Su Reino Celestial.

La Biblia nos da muchos detalles de Su grandeza, gloria y majestad. Los profetas describen que *". . . su rostro parecía un relámpago, y sus ojos como antorchas de fuego, y sus brazos y sus pies como de color de bronce bruñido, y el sonido de sus palabras como el estruendo de una multitud."* Daniel 10:6, Apocalipsis 1:13-15 Jesús es real y está vivo, completa y absolutamente radiante de plenitud, y tiene poder *". . . sobre todo principado y autoridad y poder y señorío, y sobre todo nombre que se nombra, no sólo en este siglo, sino también en el venidero".* Efesios 1:21 Entra confiadamente al trono de Su Gracia, a diario, eres hijo, hija del Rey de reyes y Señor de señores, tienes acceso, exáltalo a diario, **Él es digno de toda tu adoración**.

*"Porque no os hemos dado a conocer el poder y la venida de nuestro Señor Jesucristo siguiendo fábulas artificiosas, sino como **habiendo visto con nuestros propios ojos su majestad.**"* 2 Pedro 15:16

Oración: Gracias Padre por Tú grandeza y por hacerme parte de ella. Gracias Señor porque Eres real.

Ahora es un buen momento para que comiences a asistir a una Iglesia donde se enseña el Evangelio de Jesucristo. Si ya haz comenzado una relación con el Espíritu Santo de Dios, no la abandones ahora, persevera y verás Su fruto sobre ti y los tuyos. Y si aún no haz invitado a Jesucristo de Nazaret a guiar tu vida, te invito a hacerlo a través de esta sencilla pero poderosa oración:

Señor Jesús, te entrego mi corazón.

Yo reconozco mi necesidad de ti; yo creo que fuiste a esa cruz para pagar mis deudas, y creo que ciertamente eres el Hijo de Dios.

Ven a morar en mi; límpiame, sáname, restáurame.

Yo renuncio a todo pacto con el mundo y con el maligno, y confirmo mi único pacto contigo, mi Señor y Salvador. Amén.